做个懂学生的教师

主　编◎刘玉苹　韩秋毅
副主编◎王志刚　张乐华　张慧敏

天津出版传媒集团
天津教育出版社
TIANJIN EDUCATION PRESS

图书在版编目（CIP）数据

做个懂学生的教师／刘玉苹，韩秋毅主编. -- 天津：天津教育出版社，2024.1

ISBN 978-7-5309-9056-8

Ⅰ.①做… Ⅱ.①刘…②韩… Ⅲ.①中小学—教育工作 Ⅳ.①G63

中国国家版本馆 CIP 数据核字（2023）第 254857 号

做个懂学生的教师

ZUO GE DONGXUESHENG DE JIAOSHI

出版人	黄　沛
主　编	刘玉苹　韩秋毅
选题策划	吕　燚
责任编辑	丁凡戎
装帧设计	郝亚娟
出版发行	天津出版传媒集团 天津教育出版社 天津市和平区西康路 35 号　邮政编码　300051 http://www.tjeph.com.cn
经　销	新华书店
印　刷	天津融正印刷有限公司
版　次	2024 年 1 月第 1 版
印　次	2024 年 1 月第 1 次印刷
规　格	16 开（710 毫米 ×960 毫米）
字　数	200 千字
印　张	12
定　价	46.00 元

前言

懂学生,是做好老师的前提

教师要让学生真正“站立”在教育舞台的中央,读懂学生是根本前提。要读懂学生的天然禀性,读懂学生的已有经验,读懂学生的真实需求。懂学生,是做好老师的前提。

本书所呈现的内容分为六个层面——

专题一:懂学生,要让学生感到关爱。关爱学生,是教师做好教育的基础和前提。爱学生的一切,爱一切的学生。师爱是一种复杂的精神现象,是在教育实践中由教师的理智感、美感和道德感凝聚而成的一种高尚的教育情感。它超越个人之间的情感而成为一种评价,是教师对学生的评价,是学生所在集体对教师的某种评价。教师的教育行为潜移默化地影响学生的生活态度、学习态度以及未来的行为态度。最好的教育方法、教学艺术产生于教师对学生无比热爱的炽热心灵。教育的真谛就蕴含于此。

专题二:懂学生,要倾听学生的心声。陶行知先生说:“真教育是心心相印的活动。唯独从心里发出来的,才能达到心的深处。”教师要深入学生的心灵世界,感受学生丰富的精神世界,不仅要学会倾听,还要实现对话。倾听是一种宽容,海纳百川,兼容并蓄,是一种真正的互惠,是一个灵魂与另一个灵魂的对话。教师要怀着平常心、细心、耐心、信心与学生沟通,进行心与心的交流。教师要做一个仁者,撒播爱的种子;要做一个哲人,将学生引向至真、至善、至美;要做一个诗人,倾听花开的声音,走进学生的心田。

专题三:懂学生,要科学全面地认识学生。科学全面地认识学生是教育的基础。每个学生都积累了一定的知识和经验,达到了一定的认知状态,教师应充分了解学生,了解每个学生的学习方式特点,根据学生的个性特点进行教育;尊重学生之间的差异,让每个学生都能够获得发展;认识每个学生的智能强项,发挥其智能优势,让每个学生都成为最好的自己。懂学生就要全面认识学生,多维度、多视角辨别学生的差异,如此才能实现有效的教育教学。

专题四:懂学生,要剖析与引导学生。教师不但要教书,还要育人,同时要注重育人的方式方法,不能一味地说教。育人就如大禹治水,不能总是"堵",要懂得引导之法。教师要引导学生树立远大理想,激发学习外动力;要引导学生培养学习兴趣,激发其学习内驱力;要引导激发学生的自主能力,使其学会自我管理;引导学生培养抗挫能力,迎接生活挑战;引导学生挖掘学习资源,提升学习力;引导学生学会"绿色上网",拒绝网络诱惑。

专题五:懂学生,要以生为本创新课堂。教师要立足学情,科学分析学情,这是确定教学的起点和策略,是有效教学设计的原点;要合理整合教材内容,创造性使用教材,使其符合学生的认知规律;创设问题情境,发现问题、解决问题,引领学生进行深度思维及学习;学会有效提问,促使学生个体积极思考,提出问题和解决问题,促进专业成长,实现教育价值,在反馈矫正中读懂学生;学会多元评价,多一把尺子衡量学生;坚持核心素养引领,关注学生体悟的过程,使其形成必备品格关键能力。

专题六:懂学生,要民主化班级管理。学会放手,做一个会"偷懒"的教师,"偷懒"是一种高超的技能,是一种至高的境界,是一种绝妙的班级管理艺术;教师要学会自主管理,改进教学方式,把课堂还给学生,把班级还给学生,激发学生的创造力,让班级充满成长的气息;要长善救失,发扬积极因素,克服消极因素,因材施教,因势利导,将缺点转化为优点,给学生成长的时间和空间;要换位思考,"用心"育人,换个角度看待所谓"问题"学生;要直抵学生心灵,走下"教师至上"的神坛,对学生包容些再包容些；要以人为本，构建和谐民主的班级文化，构建文明班级共同体。

本书从以上六个层面，引导教师从生活、学习、心理、课堂、班级管理等方面出发，做一个懂学生的教师。总之，要基于学生的经验，关注学生的视角，探索学生的世界，做个懂学生的教师，这是优秀教师的必备品质。当教师站在学生立场，师生就是一个学习共同体。教师要读懂学生，为学生的一生服务，培养学生终身学习的优秀品质。教师要尊重学生的个性差异，促进学生的自我建构，使其形成终身学习的关键能力。这也正是编写本书的意义所在。

目录

专题一　懂学生，要让学生感到关爱

关爱学生，是做好教育工作的基础和前提。爱学生的一切，爱一切的学生。一切最好的教育方法，一切最好的教育艺术，都产生于教师对学生无比热爱的炽热心灵。教育的真谛就蕴含于此。

专题二　懂学生，要倾听学生的心声

倾听是一种宽容，海纳百川，兼容并蓄。要做一个仁者，播撒爱的种子；要做一个哲人，将学生引向至真、至善、至美；要做一个诗人，倾听花开的声音，走进学生的心田。

专题三　懂学生，要科学全面地认识学生

科学全面地认识学生是教育的基础。要充分了解学生的认知状态、个性特点、学习方式、个性差异、兴趣倾向、智能强项，让每个学生都成为最好的自己。

专题四　懂学生，要剖析与引导学生

教师要注重育人的方式方法，不能只是简单地进行说教。教师要引导学生树立远大理想，培养学习兴趣，学会自我管理，培养抗挫折能力，挖掘学习资源，合理使用网络，学会绿色上网。

专题五　懂学生，要以生为本创新课堂

教师应高度尊重学生，把学生的发展作为出发点和落脚点。教学过程是学生学习知识的过程，是促进其发展的过程，要符合学生的认知规律，引领学生进行深度思考及学习，促进其专业成长，实现教育价值，培养学生的必备品格与关键能力。

专题六　懂学生，班级管理要民主化

人的成长只能在实践中得以实现，并通过实践来拓展更多的发展空间。班级民主管理既能提高学生的能力，形成良好的班风，建立民主、和谐的师生关系，有利于教师的专业成长，也能让学生真正成为课堂的主人、班级自我管理的主人。

专题一

懂学生，要让学生感到关爱

关爱学生，是做好教育工作的基础和前提。爱学生的一切，爱一切的学生。一切最好的教育方法，一切最好的教育艺术，都产生于教师对学生无比热爱的炽热心灵。教育的真谛就蕴含于此。

夏丏尊说过："教育上的水是什么？就是情，就是爱。教师没有了情爱，就成了无水的池，任你四方形也罢，圆形也罢，总逃不了一个空虚。"教育的真谛就蕴含于此。对学生的教育用的就是情——热情、爱——关爱。教育就是把关爱时时刻刻传到每个学生的身边，关爱他们，是一场触及心灵的教育。爱学生的一切，爱一切的学生。

《中小学教师职业道德规范》中有 4 个字特别闪亮——关爱学生，这也是做好教育的基础和前提。是的，世界上有各种各样的爱，父母、母爱、友爱……师爱。教师对学生的爱是一种复杂的精神现象，是在教育实践中由教师的理智感、美感和道德感凝聚而成的一种高尚的教育情感。师爱不同于世界上的其他爱，它已经超越了个人之间的情感，而成为一种评价，一种不仅是教师对学生的评价，而且包含学生所在集体对他的某种评价。学生往往把教师对自己的关怀、爱护、信任、尊重等与教师对自己的评价联系在一起。因此，师爱在每个学生的心目中具有不同寻常的分量，对学生的健康成长具有不可小觑的无形力量。

教师的教育行为潜移默化地影响学生的生活态度、学习态度以及未来的行为态度。师爱是教师的灵魂，师德是教师职业理想的翅膀。最好的教育方法和教学艺术源于教师对学生无比热爱的炽热心灵。

主题 1

尊重信任，给学生向上的动力

孟子曾经说过："爱人者，人恒爱之；敬人者，人恒敬之。"我们要始终坚持尊重学生、信任学生、热爱学生、包容学生、关心理解学生，始终给学生向上的精神动力。

专题一 懂学生，要让学生感到关爱

一、典型事例

陈立群原为浙江省杭州市学军中学校长，从教40余年来，他把教育工作者的爱心与责任内化于心、外化于行，始终不忘初心、矢志不渝，他的从教履历闪亮着一串串耀眼的荣誉……他是一位响当当的“全国名校长”。花甲之年，他重整行装再出发，远赴黔东南苗族侗族自治州义务支教，并于2016年8月开始担任台江县民族中学校长，短时间内就使学校和当地教育工作面貌发生了翻天覆地的变化。

坚守“爱与责任”的师者情怀

“人类道德的基点是爱心与责任感”，这是陈立群常对师生说的一句话。作为教育工作者，他认为这是最基本的职业素养和要求，必须把这句话刻在内心、形成习惯。

自投身教育事业，陈立群走得很坚定，干得很出色。从浙江桐庐毕浦中学，到窄溪中学、杭州长河高中，再到学军中学，从教43年，曾在9所学校工作，担任校长32年。不同的学校，不同的生源，不同的起点，凭借他科学有效的管理，不断化腐朽为神奇，把原本普通后进的学校带到当地拔尖的水平。2001年，他在浙江首开“宏志班”，以“回原籍高考”的大胆创举践行教育公平理念，更以“宏志精神”的兴起、发展和迁移的实践研究，首先举起“精神教育”的大旗。

2016年3月，年已60岁的陈立群来到黔东南苗族侗族自治州开展义务支教，看到民族地区较之内地落后的教育现状后，强烈的责任感让他夜不能寐。他于同年8月应邀担任台江县民族中学校长，当时，杭州多家民办学校纷纷向这位即将退休的“名校长”投来“橄榄枝”，并许以百万年薪，都被他婉言谢绝。

台江县是中共中央组织部和杭州市对口帮扶的国家级深度贫困山区县。来到台江后，他首先下大力气解决师生吃住问题。全校实现了寄宿制管理，承担起社会责任。

在硬件设施改变的同时，学校教学水平突飞猛进……2017年，台江县中考成绩前100名学生中，留在本地读书的有95人；2018年，全县中考状元也第一次留在了台江民族中学。

关注“精神成长”，为师生立“志”

陈立群常引用德国哲学家、教育家雅斯贝尔斯的观点：“教育首先是精神成长，其次才成为科学获知的一部分。”无论对学生还是对教师、家长，他都格外重视“心灵唤醒”“精神教育”的力量。

陈立群担任台江民中的校长后，全校师生就多了一个节日——12·9励志节。每年这一天，高三年级的各个班师生都会以班级为单位在校园里种一棵“志向树”，树下埋有一个瓶子，里面是全班师生的高考志向和人生理想。从台江民中的大门往里走不多远，就能看到全校师生植下的“志向林”，虽然现在那里的树木还是幼苗，但已是葱茏一片。

陈立群通过班会、成人仪式、升旗演讲、朗诵比赛、游学、社团活动、读书等活动，激发师生们对“志”的理解和思考，希望苗族师生都能培养起“高远的志向、高昂的志气、高雅的志趣”，使其成为引领、陪伴师生一生的精神动力。

教育是阻断贫困代际传递的治本之策。如何在欠发达地区恢复和创设尊师重教、耕读传家的良好民风？陈立群号召教师们走进寨子，把社会最底层撬动起来，让百姓充分认识到教育对于改变贫穷落后面貌的重要意义，大力宣传“考出一个孩子、脱贫一个家庭、带动一个寨子”的典型事迹，启发村民重视教育。

校长是孩子们的“大家长”

作为一校之长，陈立群更像一个大家长，时时为孩子们操心。台江民中的学生家长有一半以上在外打工，很多学生缺乏家庭关爱，父母长年不在身边，还有的因为重男轻女的陋俗从小被遗弃……陈立群非常关心关注困难家庭和留守家庭学生的身心健康，为确保让每一个孩子安心学习、健康成长而不遗余力。到贵州工作后，他资助了多名贫困学生。

只要听说有师生生病住院，他再忙也要挤出时间亲自去探望……

陈立群特别关心家庭贫困的学生，他的家访足迹遍布全县各乡镇的苗寨。看到暂时处在困难中的家庭，他总是忍不住出钱帮扶，捐款累计达10多万元。陈立群说：“我就是一介书生，我一辈子只做一件事，就是教好书，做好我自己的教育工作，不为功利，不求功德，只为心愿，这个心愿就是有更多的苗族孩子能够走出大山，去实现他们的人生目标。”“民众整体文化素质水平的提升，是国家可持续发展和长治久安的基础。中国那么大，教育欠发达地区那么多，总要有人站出来去做这些事。”①

二、事例分析

陶行知先生曾说：“爱是一种伟大的力量，没有爱就没有教育。”最有效的教育手段就是“爱的教育”。作为一名教师，只有热爱学生才能教好学生。忘我是教师的共性，奉献是教师无悔的选择。我们关爱学生，师爱在教师岗位上闪光，爱与责任并存，作为一名光荣的人民教师，理解学生、关爱学生，做学生生活的贴心人，是我们永恒的责任和目标。

陈立群头顶“全国名校长”的光环从任上退休，婉拒百万年薪聘请，毅然离开繁华都市和亲人远赴黔东南偏远山区无偿支教，成为当地唯一一所民族高中的校长，躬身教育扶贫，重视“精神成长”，不改初心本色……陈立群用“师者”的爱心和责任，为民族地区基础教育注入时代精神，为边疆地区的孩子点燃希望与梦想。

最让人动容的是，陈立群校长几十年如一日，“一生只做一件事”的情怀。他潜心育人，“一生赤诚献教育，万千桃李尽芬芳”。陈立群校长拥有如水般纯净的教育情怀，他用自己的扎实学识、仁爱之心投身教育。

“人类道德的基点是爱与责任。”这是陈立群经常说的一句话。正是基于这份朴实而高尚的理念，他义无反顾地放弃了优越的生活，选择了无偿支教，用他的实际行动践行“爱与责任”。

“不受尘埃半点侵，竹篱茅舍自甘心。只因误识林和靖，惹得诗人说到今。”这首《梅》是陈立群最喜欢的诗。“我甘愿住在寒舍里，我有我的追求，我来这里的目标，就是让更多苗族孩子走出去。”

---

① 案例节选自：《爱与责任无问西东——记贵州省台江县民族中学校长陈立群》，2019-09-11，中国教育新闻网，http：//www. jyb. cn/.

坚守教育者的初心，应当是每一名教师的职责，更应当把这个初心传递给一代代青年教育者。我们更应感受到责任重大、使命光荣。投身教育，需要情怀，更需要担当。

三、专业指导

懂学生，就要尊重、信任学生，给孩子向上的精神动力。那么，在教学实践中，教师应该如何激发孩子向上的动力呢?

尊重、信任学生，首先要尊重学生的自尊心。现在的孩子中很多是独生子女，家庭条件比较优越，在家中可谓集万千宠爱于一身，自尊心都很强，承受能力相对较差。针对这种情况，教师在发现学生的过失行为时，千万不要轻易伤害学生的自尊心，如果能适时引导，激发学生前进的动力，往往会收到较好的效果。

尊重、信任学生，更要尊重学生的个性。教师要从学生的实际能力出发，认真分析每名学生的长处和短处，采取不同的方法，有针对性地开展教育。“人非草木，孰能无情”，只要充分注意情与理的合理运用，教师的尊重便能成为开启学生心灵之窗的钥匙。

尊重、信任学生，要做到相信学生，尊重、信任学生是每位教师的职责和义务。作为一名教师要用真诚的爱去抚慰、帮助、关心自己的学生，滋润他们的心田，启迪他们的良知，激励他们的上进心。

尊重、信任学生，要尊重学生的人格，不要伤害他们的自尊心，要多引导教育，少批评责备。教师无微不至的关心，能使学生感受到教师的关怀和爱护，使其更加信赖教师。尊重学生还要包容学生。每个学生首先都是人，是人就不可避免犯错误；同时学生又是身体和思想尚未成熟的人，他们的可塑性很强。教师应关心他们的成长，理解他们在成长之路上的苦闷、孤独和叛逆，包容他们在成长之路上出现的不和谐音符，和学生打成一片。

总之，教育学生就要尊重学生、信任学生、热爱学生、包容学生、理解学生，多为他们创造展示自我的机会。教师应该理解、支持和鼓励学生，做学生的知己、朋友，开启学生智慧的闸门，挖掘出其潜在的力量，使其满怀信心前进，激发向上的动力!

主题 2

理解学生，要做到有的放矢

根据个体差异性的特点，教育者应当深入了解学生，掌握学生的个性特点，做到有的放矢，因材施教，长善救失，使每个学生都能获得最大限度的发展。

一、典型事例

班上新转来的 A 同学，刚来本班时上课无精打采，要么做小动作，要么影响别人，提不起一点学习兴趣；下课追逐打闹，喜欢动手动脚，常常引发同学间的矛盾，许多家长前来指责他；作业经常不做，即使做了，也做不完整，书写相当潦草……每天总少不了给我添麻烦。对于工作，活动量大得让我有些心浮气躁。于是，我找他谈话，希望他能遵守学校的规章制度，以学习为重，按时完成作业，知错就改，争取进步，争取做一个同学喜欢、父母喜欢、老师喜欢的好孩子。我跟他谈到，他是班上年龄最大的孩子，所以也应该是最懂事的。他却表现出一副“桀骜不驯”的模样，不管我如何苦口婆心，他就是不吭一声，这让我很头疼。谈话后，他仍然一如既往，毫无长进，真是“一只耳朵进，一只耳朵出”，我真的感到灰心丧气。我觉得他是根“不可雕的朽木”，但又觉得作为班主任，不能因为一点困难就退缩不前，不能因一个学困生无法转化而影响整个班集体。不然，他可能会带坏一群立场不坚定的学生。

为了有针对性地做工作，我决定先让他认识到自己的错误。于是我再次找他谈话，了解到他心里十分怨恨他妈妈和原来的班主任。他父母彼此关系不好，母亲把对他父亲的怨气转移到他身上，不肯为他付出一点钱与爱。曾几次他没有钱吃饭，母亲让他找出差在外的父亲去拿。无可奈何的他只得一直拖欠食堂的饭费。母亲在家除了搓麻将还是搓麻将，对他的生活起居毫不关心。父亲有些吊儿郎当，不讲诚信，每次我与他交流儿子情况时，他便将儿子拽来硬逼他到我跟前立保证，之后便像完成一件大事般置之不理。谈话后了解到，从前的班主任拿他没办法，便听之任之。他感到自己不被重视，就非常憎恨前任班主任。

情况调查清楚后，我思忖着必须慎重采取措施，否则会适得其反。“你以前的班主任帮助过你吗?”他微微点头。“他严格要求你了吗?”“是的。”“他这样做，得到过什么吗?”“没有。”“他只是希望你能遵守各项规章制度，与大家融在一起，他希望你从做人、做事、学习方面奋力追赶。你现在对生活、学习中的事情都漠视不管，如果我也放弃你，大家都不再理睬你，你觉得生活还有意思吗？你真的希望出现这种局面吗?”他重重地摇了摇头。“是啊，你比同学们大一些，道理一点便通，我们一起努力，好吗?”他微微一笑，眼睛立刻生动起来。

每当他有丁点儿进步，我便适时鼓励他，还借助班干部的力量共同帮助他。现在他已能融洽地与同学们生活在一起，学习情况也今非昔比了。

二、事例分析

做一个好教师的先决条件是理解学生、相信学生、尊重学生。只有理解学生，教师的爱才能做到有的放矢。现在的学生大多成熟较早，思想很独立，往往希望老师能以一个平等的姿态与他们相处。作为教师，如果我们能真正做到尊重学生，平等地对待学生、了解学生，那我们在处理很多事情（特别是一些敏感问题）时，往往可以达到事半功倍的效果。

我们面对的是有思想、有感情、有丰富兴趣爱好的学生群体。一句极平常的鼓励，可能会成为学生一生追求的目标；一番入情入理的个别谈话，可能会攻克多年不化的“顽石”。作为教师，不仅要对学生的现状有全面的了解，而且要细心观察他们情绪上的变化，把握他们的情感走向，做好引导、组织和教育工作，把握教育的契机，适时进行教育。教师是学生班集体的教育者、组织者和领导者，也是学校教育工作尤其是学校德育工作的主力军，工作质量直接关系到整个学校的发展。

教育是针对人心灵的工作，即科学地改造人的人生观、世界观，因而带有强烈的情感色彩。研究教育不能不研究情感教育。当“情”（情感、情绪）处于最佳时，对“知、意、行”起积极的促进作用，反之则起阻碍作用。教育工作首先要科学掌握学生的情感发展趋势及特征，如此实施教育才能真正做到有的放矢。教师要避免居高临下的说教式、直线型论调，尝试从教育心理学、方法论、人文主义、经验主义（调查研究）等视角，对教育工作做全新的审视与探究。

那么，现阶段学生情感发展的趋势是什么，其特征又是什么？这就要考虑到学生的情感水平主要源于相对恒定的“喜好”上。孔子说，“知之者不如好之者，好之者不如乐之者”。做学问如此，教育也是如此。马斯洛需要层次理论告诉我们，“发展和爱”是需要层次中的高级形式，而实现这一形式的主要途径是人与人之间的交往与沟通。对于身心尚未发育成熟的学生来说，他们获取知识、生活经验乃至品德的动机是从“最爱”开始。因此，了解及掌握他们的“最爱”是所有教育工作的出发点，与时俱进，兼顾其时代性及个性差异是必要条件。

三、专业指导

师爱是伟大的、神圣的。师爱是人类复杂情感中最高尚的情感，它凝结着教师无私奉献的精神。师爱是“超凡脱俗”的爱，这种爱无关血缘和亲情，没有私利与目的，却凝聚着一股巨大的力量。而只有理解学生、爱护学生，教师的爱才能做到有的放矢。

1. 了解学生，发现学生身上的闪光点

学生的智力发展状况参差不齐，对新知识的接受程度也是不一样的，有的学生对新知识的接受能力强，而有的学生对新知识的接受能力弱。每个学生都有自己的闪光点，教师不能搞“一刀切”，不能片面地用学习成绩衡量学生的水平。作为教师，要慧眼识珠。学生是一个特殊群体，既有共性，也有个性。我们在教学过程中不能一概而论，要善于发现、善于总结，发现每个同学身上的闪光点，扬长避短，取长补短。

2. 研究学生，挖掘学生的潜力

学生各方面思想发展不成熟，具有随意性和不确定性，所以我们不能完全凭学生的意识表象对他们进行定位，要对学生进行深入的观察和了解，发现他们潜在的能力，用合理的教学方法激发学生的内在潜力，根据其特点因材施教，进行有的放矢的培养，给学生提供最好的发展机会。

3. 重视每一个学生，实现公平教育

由于我国的国情，东西部发展不均衡，从大范围看，发达地区和不发达地区

的教育发展不均衡；从小范围看，城镇和乡村之间的教育也是不均衡的。为了把教育不均衡减小到最低限度，教师要重视每一个学生，给学生创造相对公平的教育环境。教育是一门艺术，是一个永无止境的研究课题，教师只有把心思放在学生身上，不断实践，不断总结，才能真正做到心系学生、因材施教，在真正意义上实现教育理念的转变。

热爱学生是教师的天性，是教师最宝贵的品质。教师的爱能使学生看到自身的价值，产生向上的力量，形成积极进取的态度。只有理解学生，教师的爱才能做到有的放矢。从教育心理学角度来看，教育过程是教育者和受教育者心理需要互相照应的过程，是师生“心灵交流”的过程，只有心心相印、情感交融的教育，才会引发学生情感上的“共鸣”。

主题 3

严格要求，严中有爱，严而得当

黑格尔说：“不应该使孩子们的注意力长久地集中在一些过失上。对此，尽可能委婉地提醒一下就够了，最重要的是要在学生身上激发出对自身力量和自身荣誉的信念。”教育工作常做常新，永无止境。作为教育工作者，我们必须以高度的敏感性和自觉性，及时发现和解决教育和管理工作中的新情况、新问题，掌握学生学习的特点、发现其规律，对学生严格要求，严中有爱，严而得当，尽职尽责做好本职工作。

一、典型事例

没有规矩，不成方圆。教育应该立下规矩，突出一个“严”字；但是教育也应该如春雨，滋润学生心田，突出一个“爱”字。对学生的教育应该是“严”与“爱”的完美结合，达到严中有爱。

1. 开展规范教育，养成良好习惯

开学第一课，我对学生进行了规范教育，以期他们养成良好的习惯。首先，

我让学生认真阅读《中学生守则》《中学生日常行为规范》《学校一日常规》等，运用多媒体让学生观看宣传身边先进人物事迹的视频，树立好的榜样。此外还播放了一些不守纪、不符合道德规范的行为片段，让学生认识到其错误之处，从而明确哪些言行是错误的。

2. 举办主题班会，进行品德教育

很多学生的自控能力很差，教育要常态化，因此每节班会课我都确立一个主题，如“爱我校园，从身边小事做起”“公物，公护”“防火，防水，防电，守交通法规”“构建和谐的人际关系”“如何看待网络成瘾”“聪明在于勤奋”“我爱读书，我会读书”等。班会课形式多样，让学生观看课件，参与讨论，让他们受到品德、安全、学习等方面的教育。

3. 选好班干部，协助班级管理

魏书生老师说过，科学管理班级要靠班级的主人。有人管理卫生，有人管做操，有人管字词默写……有多少事就由多少学生来管，各管一项，这样就形成了由班主任、班干部、学生组成的管理网络，人人参与管理，同时便于人人接受管理。我班实施了“人人有事做，事事有人做”的策略，同学们很有激情，主人翁意识增强了，班级凝聚力也空前增强。

4. 严格纠错，做到层层深入

任何学生出现错误，一定要严格对待，否则不仅错误会加深，还会“传染”给别人。如果某位学生出现了错误，我会采用“层层深入”法。第一次犯错误，我会对他讲明道理，提出警告，给他改正的机会；如果多次犯错误，则逐渐加重处理。如果学生第一次犯错误就罚他当众检讨，可能会导致学生出现“抗药性”，下次犯错就很难处理。

5. 以身作则，注意潜移默化

孔子说：“其身正，不令而行；其身不正，虽令不从。”作为教师，我们应该以身作则，潜移默化地影响学生。以前我班有个男孩不讲卫生，有一天我发现他的四周废纸很多，于是我躬下身子捡起了废纸，扔到垃圾筐里。我发现那个男孩当时脸红了。

二、事例分析

俗话说，“严师出高徒”，“严是爱，松是害，不管不问要变坏”，但在教学管理过程中过于严格，则会强化规则意识的同时抹杀孩子的自主意识、创新意识，还会导致学生不敢面对现实，犯了错误就找借口来搪塞老师，甚至靠撒谎来为自己掩饰，逃避自己应该承担的责任。更有甚者，个别家长也和孩子一起想办法糊弄老师，以期蒙混过关。

我们应该审视反省一下如何处理好严与宽、管与放的关系，在工作中不仅对学生严格要求、严格管理，更要严得有理、有度、有方，严而适时，严而不厉、严而不偏、严中有情、严中有爱，严在该严时，爱在细微处。

学生犯错，为师者不应大惊小怪，一味指责、批评学生，更不能置之不理，放任自流。一定要找出学生犯错的根源，因势利导，让其认识到错误的症结所在，同时给他们改正错误的机会。如果有的学生一而再、再而三地犯错，就更要抓其要害，关键时家校联和，及时予以纠正。

苏霍姆林斯基曾经处理过这样一件事：一个学生打死了一只麻雀。为了教育学生，他责令学生找到鸟巢，他们看到一个鸟巢里面几只雏雀嗷嗷待哺，苏霍姆林斯基不无悲伤地说：“他们失去了妈妈，现在谁也无法救活他们了。”这个情境使学生非常懊悔。20 年后，他对苏霍姆林斯基说：“如果当年您严厉批评我，那么这么多年来我就不会自己处罚自己。”

可见，“有时宽容引起的道德震动比处罚更强烈”。这种严而有方、宽而有度的做法，既尊重了学生的人格，又给了学生充分的反思时间，促进学生自省、自悟，增强了学生改正错误的信心与决心，可谓“润物细无声”。

爱学生要深入地爱，爱学生要理智地爱。对其缺点、错误不纵容、不姑息、不放任。师爱既蕴含着强烈的情感色彩，又表现出深刻的理智，不仅要着眼于学生目前的得失和苦乐，更应注重学生未来的发展和前途。

三、专业指导

教师对学生不仅要给予关心、爱护、帮助、鼓励、鞭策、指点、引导、开导等，使师生之间关系融洽、和睦，而且要对学生严格要求，严加管教。唯有做到宽严适度、严爱统一，才能有效培养学生良好的思想品质、行为习惯。“严师出高徒”，“教不严，师之惰”，“爱必严，严是爱”，爱与严是辩证统一的。

1. 严而有度，宽严相济

批评是一种艺术，艺术的批评可以影响一个人，可以成为激励学生奋发向上的动力。虽说“爱之深，责之切”，但过分地批评未必能收到良好的教育效果，有时反而会使学生产生厌倦甚至抵触情绪。批评学生，一定要慎重。苏霍姆林斯基在《要相信孩子》一书中说：“孩子的过失不管多么严重，如果不是出于恶意就不该责罚他。”教育者一定要注意一事一评，对事不对人，批评恰如其分。只有准确、公平、公正、真诚而又充满关爱的批评，才会使学生欣然接受。

2. 严而有信，严中有爱

“凡是教师缺乏爱的地方，无论品格还是智慧，都不能充分自由地发展，只有真心实意地爱学生，才会精雕细刻地塑造他们的灵魂。”但同时必须注意，对学生的爱不是迁就姑息，不是娇宠溺爱，而要在严格、公平、公正、平等中实现。爱是水，严为舟，严爱统一，宽严相济，学生的自律性才会增强，才能真正由他律而实现自律。

3. 严而有方，自主管理

学生作为管理的主体，可以以主人翁的姿态制定班规班约，并自主管理、自我约束，从而形成“自我立法、自我执法、自我习法”的自我管理制度和特色鲜明的学生自主管理体系。学生自主参与制定班级发展目标、班级公约，细化管理条例，严格管理制度，形成以学习小组为主体、值日班长负责的自主管理模式。这种“发自内心的自我约束”，相对于外界的施压，学生对其更有认同感和归属感。

主题 4

欣赏激励，播撒幸福的种子

激励和赏识的本质是爱，是对学生的高度负责。不是“好学生”需要激励赏识，而是激励赏识使他们变得越来越好；不是“坏学生”不需要批评惩罚，而是批评抱怨会使他们变得越来越坏。给学生以欣赏、激励，能够在学生心田播撒下幸福的种子。

一、典型事例

今年 54 岁的洪兆英，已有 37 年教龄了。和许多基层教师一样，她在自己的岗位上默默无闻地燃烧着自己的青春和激情。

“若不是今年期中的全校师德检查，我们可能还不知道洪老师和她那 3 000 封信的感人故事。”十里铺小学校长黄艾深有感触地说。

到底是什么让洪老师想到了给家长写信表扬学生？在她坚持给家长写信的过程中，又发生了哪些让人难忘的经历……

一句表扬，改变了一个学生

洪老师说，写报喜信，缘于 3 年前的一次学生来访。

这名男生是洪老师早年带过的学生，叫杨艺，从部队复员回来后办了一家修理厂。

这个男生当年可是学校有名的调皮大王，不爱学习，像小霸王似的，同学们都对他敬而远之。没想到这个多数人认为“丢了”的孩子，走上社会能有模有样。

这位昔日的调皮大王动情地说：“洪老师，当年就是您的一句表扬，改变了我。上四年级以前，因为成绩不好，同学、老师都瞧不起我，父母也总是骂我不成器。就因为这样，我整天搞破坏希望引起别人重视，结果大家反而更加讨厌我。记得四年级运动会上，我比赛得了两个第一名，您在班上表扬了我。那是我第一次得到表扬，第一次发现自己是一个有用的人。后来，您又让我当上了体育委员。慢慢地，我认识到自己也有很多长处，和同学也渐渐融到了一块儿。”

其实那次表扬洪老师早已不记得了，但学生的话让她感到震撼。没想到，自己的一句表扬，竟然让学生记了这么长时间。

放大镜下，学生们进步快了

正是那次谈话，让洪老师对“多表扬、少批评，不要用分数衡量学生”有了更深的认识。她接手新班后，开始尝试“拿着放大镜”去寻找每个学生身上的优点，去给他们鼓励。

总是迟到的学生准点到校了，爱讲小话的学生认真听了一节课，不爱做作业的学生第一次独立按时完成了作业，每次上学放学必须家人接送的娇娇宝宝自己回了一次家……

这些细小的变化，洪老师都看在眼里，并且及时热情地给予表扬。每一次在给家长发信前，洪老师都会把信念给全班同学听，所以每天中午和下午放学前的十几分钟，都是学生们最期盼的时候。此时，他们能感受自己所受到的关注，分享伙伴进步的喜悦。

没有拿到信的学生哭了

不知不觉，3 年时间里，洪兆英写了 3 000 余封报喜信。除了批改作业，写报喜信成了她的主要工作。洪兆英说，写报喜信已成了习惯。最多的时候，要写 40 余封。洪兆英说：“表扬对学生的促进作用是巨大的。孩子的成长肯定伴随着挫折和摸索，犯错是他们的权利，相反他们每取得一点进步都是不易的。”作为教师，应宽容学生，发现学生的进步并肯定他们，放大他们的成就感。

洪老师介绍，一次课堂默写后，她照例在放学前写好了几十封报喜信，发给默写全对的学生。发完最后一封信，一名女生哭了起来。原来，只因写错了一个字，她与报喜信擦肩而过。洪兆英把她带到办公室，让她重新默写了一次。这次默写全对了，她为这个女生补写了报喜信。洪兆英说，孩子最需要的其实并不是优秀的成绩，而是追求优秀的动力。“既然报喜信能给孩子动力，我只要站在讲台上一天，就不会停止写信。”

家长也从信中看到希望。据该班家长张后荣介绍，儿子黄瑞在二年级前学习很差，常因完不成作业而哭鼻子，后来干脆不做作业了。每天忙于卖菜谋生，张后荣对儿子的教育无能为力。刚升入三年级的一天，儿子回家后得意地对她说："妈妈，今天老师表扬我了。"看过信后她发现，原来洪老师写给儿子一封信，赞扬儿子字写得端正。此后，她发现昔日厌学的儿子在学习上越来越主动、越来越积极，得到的报喜信也越来越多。六年级上学期，他因优秀的表现被评为"三好学生"。张后荣说："洪老师的信给了孩子希望，改变了我的孩子。"

家长苦留即将退休的她

再过两个月，洪兆英就满 55 岁退休了。为了留住洪老师，家长们不惜出言相"逼"。家长张望春介绍，女儿张慧敏在洪老师接班前比较内向，成绩也很差，他十分担心女儿以后走上社会后会"吃不开"。张望春说，洪老师知道他的担忧后，开始采取各种方式培养张慧敏的自信：课上点名让其背课文、读课文；只要张慧敏有一点进步，都毫不吝啬地予以赞扬。两年里，张慧敏接到近 60 封报喜信，她本人则发生了巨大变化，不仅乐于助人，学习上也更积极主动。一次，张慧敏生病高烧 40℃，3 天后，她病情刚有好转便不顾家长劝说，迫不及待地回学校上课。得知洪老师 11 月就要退休了，张望春找到洪老师，恳请她再多工作半年，否则就让孩子转学。"出言相逼有些自私，但迫不得已。"张望春说，"这么做只是舍不得洪老师走。"

洪兆英说，在教育战线工作了 37 年，"学生们都成为社会可用之材，就是对我从教生涯的最大肯定。"

二、事例分析

"人性最本质的特点就是渴望得到别人的尊重和欣赏"，教师要不断发现学生身上的闪光点，加以赞赏和激励。"赏识教育"是承认学生差异，挖掘学生身上的闪光点，允许失败的教育；是让学生舒展心灵，尽展潜能的教育。作为教师，如果能够做到赞美学生、鼓励学生，激励学生发挥潜能，在学生心田撒播下幸福的种子，那么他就是一位好教师。

1. 赏识使学生变得自信，人尽其才

教师要善于捕捉学生身上的闪光点并及时加以赞赏，把常态因素转化为积极因素，强化学生求知欲，挖掘学生潜力，使学生扬长补短；赞扬学生的优点和长

处，促进他们形成个性特色；多一点包容，寻找正确的方向和有利因素，使学生增强自信心。成功的实质就是不怕失败，使学生消除自卑、胆怯、懦弱、恐惧、焦虑，从而帮助学生树立信心。

2. 赏识体现教育的本质，实现教育的目的

从教育的本质可见，教育目的的实现受两方面因素的制约：一是社会发展规律；二是受教育者身心发展规律。赏识教育正是遵循和体现了上述两种规律，它在教育过程中，按照社会发展规律的要求，为社会培养各方面的具有创造性的有用人才。它遵循教育规律和受教育者身心发展的规律，着重体现受教育者的主体地位，能真正体现教育的本质，有效实现教育的目的，成为一种善待生命、热爱生命的教育。

3. 赏识更符合当代学生身心发展特征

当代学生在成长过程中对保姆式、警察式、监工式的教育、管理比较反感，对空洞抽象的说教非常厌倦，他们渴望得到尊重、理解和友谊，希望在一种宽松的环境中愉快地学习、幸福地成长。赏识教育更符合当代学生的心理特征和生理需求。

4. 赏识有利于培养学生的创造能力

一个缺乏激励的人，其能力仅能发挥20%~30%；而当他受到激励时，其能力可发挥到80%以上。在实施赏识教育过程中，教师以赏识学生为出发点，善于发现学生的优点、长处和取得的进步，以积极乐观的眼光和态度欣赏和挖掘学生的潜能，把每个学生都视为教育资源和财富，培养学生乐观、自信、向上的人生态度。

三、专业指导

美国心理学家威廉·杰姆斯说：“人性最深层的需要就是渴望别人的赞赏，这是人类之所以区别于动物的地方。”赏识、激励学生是一种教育智慧。那么，如何通过欣赏激励在学生心田播撒下幸福的种子？

1. 赏识教育的前提是爱学生

冰心说：“世界上没有一朵鲜花不美丽，也没有一个孩子不可爱。”换句话说，世上没有坏孩子、差学生，无论哪个学生，只要我们耐心寻找，必定能发现其具有的长处。在爱的情感支配下，才能发现优点、欣赏优点，才能为学生的发展创造出一个被关注、被理解、被接纳、被支持的宽松环境。

2. 赏识教育要讲究分寸

要善于发现优点、欣赏优点，但也要讲究方式方法。

（1）不要虚假表扬。表扬和鼓励要求发自内心，要让孩子感到他们是值得表扬的，不要故意去讨好。因为当孩子发现成人在故意讲好话时可能会产生抵触情绪。

（2）不要笼统表扬。那种不着边际的空泛表扬并不会使学生心中产生喜悦和激动，只会让其产生疑惑。

（3）不要事事都表扬。要让孩子逐步体验到做事本身的愉快，学会自我肯定，而不是一味希望得到别人的赏识。

(4) 要把孩子看作独立的个体，鼓励孩子对自己的行为作出恰当的评价。

3. 赏识教育不是完全不批评、不处罚

赏识是教育的基本原则，我们倡导“多鼓励，少批评”，“表扬要当众，批评要个别”；在批评中要体现爱心，当学生有进步时应及时给予肯定和鼓励。从积极的方面把表扬和批评两者结合起来，在表扬时指出进一步努力的方向，在批评时肯定其进步的方面。批评、处罚同样也应有利于激发孩子的上进心、自尊心。

激励、赏识能帮助学困生找回自信，帮助他们重建精神的大厦；激励、赏识的奥秘在于让学生觉醒，看到自己的优点和长处！赏识教育充满人文关怀，它追求的是生命的自信与尊严，倡导的是成长的快乐与喜悦。没有激励、赏识就没有教育，学会激励、赏识学生，就学会了爱学生。

主题 5

绿色惩戒，依法治教，惩戒有度

这里所谓的绿色惩戒，是指对学生实施一种无暴力、消极作用小、富有教育性和弹性、能被学生认可的教育惩戒方式。绿色教育惩戒是一种冷静的、健康的、科学的、充满人文关怀的理性教育行为，它以生为本，旨在培养学生的良好品质和健全人格，促进学生的全面发展、健康成长。

一、典型事例

山东省安丘市景芝初级中学的“绿色惩戒”制度，让教师在惩戒学生时有“法”可依、有“章”可循，为学生的成长提供更适合的教育。他们的具体做法如下。

1. 惩戒内容及方式选择“明确+自主”

绿色惩戒以一日常规为依据，从学生的学习、纪律、卫生、文明行为 4 个方面入手，梳理细化了学生容易出现的不良行为，并制定了科学具体的惩戒流程和措施。同时，绿色惩戒遵循“尊重学生、教育为主、一视同仁、保持关爱、公开透明、指向过错、自主弹性”的原则，主张在不伤害学生身心健康的前提下，让违纪学生从合适的角度自主选择惩戒方式，通过科学合理的惩戒，使学生在主观上认识到自己的错误并加以改正。

绿色惩戒主要包括三类惩戒方式：一是以提高认识、自我矫正为目的的自省式惩戒；二是以参与管理、换位思考为目的的体验式惩戒；三是以为自己的错误行为“埋单”为目的的承担责任式惩戒。

例如，学校规定“在升旗仪式或集合时，要严格遵守纪律，不能迟到、说话、交头接耳、嬉闹”。如果学生违反了这一规定，首先由班主任和其交流，然后由学生自主选择以下任何一种方式进行自我惩戒：一是搜集一篇描写升国旗仪式的文章，写出自己的感受，并在班级内朗读（自省式惩戒）；二是在升旗仪式或集合结束后在班内为大家唱一遍国歌（体验式惩戒）；三是对照升国旗仪式的有关规定，深刻检讨自己的所作所为，并向全班同学宣读自己的保证书、倡议书（承担责任式惩戒）。

2. 惩戒流程安排“科学性+人性化”

为保证绿色惩戒制度能够有效“落地”，该校制定了科学的操作流程和实施办法。绿色惩戒分为小组惩戒、班级惩戒和学校惩戒 3 个层面，逐级递进。对违反一日常规的学生实行小组绿色惩戒；对每月累计 4 次受到小组惩戒的学生设班级绿色惩戒；对一学期内受到班级惩戒 10 次且改进效果不明显的学生，由学校政教处对其实施绿色惩戒。同时，根据学生不良行为的危害程度，该校采取批评教育、警告、家长协助教育等惩戒方式。

3. 惩戒组织实施体现“民主性+参与性”

该校的绿色惩戒制度从调研、论证、起草、征求意见、教代会通过到公布实施，实现了教师、学生、家长各利益相关群体的全面参与，最大限度地保障了各方的参与权和知情权，也为相应制度顺利实施奠定了基础。

二、事例分析

“绿色”是平安、环保的代名词，“绿色惩戒”就是在维护学生身心健康、有利于学生成长的前提下，对问题学生实行惩罚和训诫，以达到矫正不良习惯的一种教育方式。

实施“绿色惩戒”的依据是《中华人民共和国教育法》第十八条的规定，即学校及其他教育机构有“对教育者进行学籍管理，实施嘉奖或处分的权利”。赏识教育不是万能的，教育的本质需要绿色惩戒。当一般的教育对问题学生失去作用时，实行绿色惩戒是一种行之有效的方法。

“绿色惩戒”与体罚有严格意义上的区分。“绿色惩戒”指的是教师履行惩戒权时，以爱为出发点，在尊重学生人格的基础上，通过惩罚来予以警戒，使学生认识错误、改正错误的一种手段。而体罚不仅是对学生肉体的暴行，而且是对学生精神的一种摧残。因此，“绿色惩戒”与“体罚”有着本质的区别。实施“绿色惩戒”要以法律为根本，要尊重学生的人格，对不同对象要实行不同的惩戒方式，惩戒方法、方式要阳光。绿色惩戒具有尊重生命、尊重差异、尊重生态和注重对人的终极关怀 4 方面深层内涵。

1. 尊重生命

绿色惩戒借鉴生命教育思想，要求在呵护生命、尊重生命的基础上，提升学生的生命质量，最终实现学生的绿色健康发展。因此，绿色惩戒以尊重、敬畏生命为出发点，教育者视学生为有血有肉的生命个体，树立学生生命高于一切的理念，尊重生命成长规律，惩罚适当，杜绝一切伤害学生肉体、虐待学生精神的惩戒行为。

2. 尊重差异

每个学生都是独一无二的，其学习风格、内部动机、认知方式和个性特征等千差万别。尊重个体差异性是实行绿色惩戒的依据和前提。绿色惩戒反对千篇一律的惩戒方式，主张尊重每个学生的个体差异，因材施“罚”。同一时间，针对不同的学生采取不同的教育惩戒措施；不同时间，针对同一学生的不同失范行为采取与之前相异的教育惩戒措施。如此一来，能够更好地起到教育和管理学生的作用。

3. 尊重生态

和谐的教育生态是绿色惩戒的追求和保障。绿色惩戒坚决反对任何破坏生生友好、引发师生及家校矛盾冲突的惩戒行为。绿色惩戒追求学生成长的生态平衡，力求突破学校的局限，与外部环境交互，与社会教育、家庭教育融为一体，强调开放整合，形成绿色教育惩戒生态体系。学校通过家长会、家长学校、社区活动等多个渠道，与家庭、社会对话，寻求家庭、社会等各方面力量的认可与协助，建立学校、家庭、社会一体的教育网络，形成家庭、学校、社会三位一体的立体教育生态，共同督促绿色教育惩戒的有效实施。

4. 终极关怀

对人的终极关怀，是绿色教育惩戒的出发点和归宿。绿色教育惩戒坚持以生为本的教育理念，尊重和关爱学生，采取合乎学生个体可持续健康发展、直抵学生心灵的创新性的教育惩戒方式，以人文关怀疏导安抚学生，最大限度地包容和帮助学生改过向善，使学生在矫正错误的过程中逐步形成秩序规范意识和道德认识，从而自由全面地发展。

“惩罚”是一门学问，更是一门艺术。“罚”是为了爱，要“让爱做主”。教育惩戒是抑制学生自我过分膨胀、矫正其非社会行为的一种外在动因。我们在惩罚学生时更应该“路留一步，味减三分”，给学生留有改正错误的余地。学生的成长过程是一个由“他律”走向“自律”的过程，由教师代表社会对尚未成熟的学生施加强制规范的影响，这是一个促使学生个体社会化的过程。

三、专业指导

苏联教育家马卡连柯指出："正确地和有目的地使用惩戒是突出重要的，但是笨拙地、不合理地、机械地运用惩戒会使我们的一切工作受损失。"泰戈尔也说："不是槌的打击，乃是水的载歌载舞，使鹅卵石臻于完美。"那么，应当如何实施绿色教育惩戒呢？

1."诊疗式"惩戒

从人的生命属性视野出发，绿色教育惩戒尊重学生的身心发展规律，用科学的"诊疗式"惩戒尊重、呵护学生个体生命。"诊疗"是医生治病救人的科学专业方法，绿色教育惩戒与诊疗工作有着很大程度的相似性。颜之推在《颜氏家训》中指出，人犯错误就是生病，惩戒就是药物。在绿色教育惩戒实践中，"病情"是指学生的失范行为，"医生"是教师，"治疗"的目的是戒除失范行为。主题式写作疗法和主题式阅读疗法是两种典型的惩戒方式。

写作疗法是一种借助书写活动进行的心理治疗方法。"写作是最好的自我治疗方式"，主题式写作疗法不是传统的写反思、写检讨，而是联系惩戒的因和惩戒的果，选取相关主题，让学生在特设的"写作诊疗区"进行自由写作。学生可以创作诗歌，可以写小说，也可以写片段文字，文体不限，字数不限，也不必顾虑写作水平不够高，只要把自己的内心活动表达清楚即可。写作是个体某阶段最深层次思想的"休止符"，学生写完一篇文章，就已经对所给的主题有了深层次的思考，经历了"认识—理解—强化"的认知过程，亦即"自我剖析—自我警醒—自我约束"的心理过程。同样地，学生通过主题式写作疗法能够正视自己的失范行为，实现从他律到自律的成长。

阅读疗法也称读书疗法或书籍疗法，即通过有针对性地阅读书籍或指导性阅读，达到辅助心理治疗的目的。主题式阅读疗法以图书为载体，让学生来到"阅读诊疗区"，在一定的时间内自由阅读规范思想、道德、行为的相关书籍。书籍可根据不同学生不同的失范行为，或同一学生不同时间的失范行为，进行相关内容主题的筛选和更换。"阅读可以使人在心理上产生认同、净化和领悟"，学生通过阅读书籍，与书中的伟大灵魂交流，敞开心扉，净化心灵；与书中的伟大灵魂产生共情，领悟道理，纠正自身行为偏差，增强责任感。

“诊疗式”惩戒使学生在写作或阅读过程中，思想观念和行为表现悄然转变，敬畏意识、道德意识和规则意识逐渐生成。

2.“延时式”惩戒

一般来说，教育惩戒具有时效性，但并不是所有的教育惩戒都是越快施行效果越好。从尊重个体差异视角出发，绿色教育惩戒主张针对不同学生不同的失范行为因材施“罚”。

“延时性”惩戒即对犯可控失范行为的学生暂时不予惩戒，而给予其一段时间的自纠期和观察期，之后再根据学生表现决定是解除惩戒还是一并处罚。有的学生是一时不慎做出失范行为，事后比谁都要后悔，此时学校不宜对此类学生“上纲上线”“赶尽杀绝”，因为他们尚处于成长阶段，可塑性很强，应给其改过自新的机会。“惩”不是目的，教育才是目的。惩戒的延时可以给予学生一次“救赎”的机会，是对学生的尊重与包容，更是对学生的信任与期待。在“延时”的时间里，学生在内心对自己进行的“惩戒”比外界施加的任何惩戒都更能起到教育的作用。惩戒延时，让学生心存感激地改正错误，能唤醒学生心灵和行为的自觉，使其身有所正、言有所规、行有所止。

3.“联合式”惩戒

从立体和谐的教育生态视野出发，绿色教育惩戒倡导尽可能多方联合，特别是学校、家庭、社会，形成三位一体的整体育人系统，共同教育和转化学生。这里的“联合式”惩戒主要是指“学校+家庭式”惩戒。当下中小学教育中教师面对的是一大批独生子女，这些孩子都是父母手心里的宝，学校只有联合家长，畅通惩戒过程中家校对话与理解的通道，才能有效规避教育惩戒的风险，对学生的失范行为进行矫正。

首先，借助媒体向家长宣传校规校纪。学校可以将校纪校规及其实施细则公布在学校官方网站，也可以通过微博、微信群、QQ 群等进行宣传，以寻求家长的认可与支持。其次，实施绿色教育惩戒前应预先下发惩戒通知单，把学校的惩戒决定告知家长，包括学生受惩戒的事由和所依据的相关校规等。再次，可以在家长的陪同下再实施惩戒，以保证教育惩戒的公开、公正。最后，实施惩戒后，学校在对学生进行帮扶转化时应要求家长予以配合，共同做好对学生的教育工作。

4. “无声式”惩戒

从终极关怀视角审视教育惩戒，绿色教育惩戒推崇“随风潜入夜，润物细无声”的惩戒方式。“无声教育”是绿色教育惩戒所追求的最高境界。针对学生的失范行为，教师以对学生的尊重、关爱和引导，让学生在无声的教育中产生愧疚感，勇于正视自己的过错，改过自新。“无声式”惩戒不是冷暴力，更不是回避学生的失范行为，而是一种“欲除杂草，先种庄稼”的智慧。这里的“杂草”喻指学生的失范行为，而“庄稼”喻指在实际工作中抓住教育契机对学生进行的行为规范养成教育。当学生犯错时，如果教师采取当面指责批评的教育方式，容易使学生自尊心受损，学生不仅认识不到错误，还可能会产生逆反心理。聪明的做法是采用“迂回”战术，另辟蹊径地去启发、教育学生。比如教师抓住主题班会的时机，在班里讲授校纪班规，让学生们重温其中的某一条，并请学生指明什么行为是被禁止的，而后教师进行补充和强调。

洛克指出，只有发自内心的羞耻心和畏惧心才是一种真正的约束。这种“无声式”惩戒并不去指责学生的失范行为，然而学生已经在老师的启发下意识到自己的过错，体会到老师的良苦用心，于内疚中自觉地改正错误。在“无声式”惩戒中，学生感受到自我价值并铭记于心，使其终身受用。

总之，绿色教育惩戒是教育惩戒领域的“绿化”，是一种尊重人性的教育惩戒方式，是教育和管理学生的艺术。绿色教育惩戒作为一种善良的干预，小惩大戒，能加强对中小学生的约束与保护，最终实现对学生发展的终极关怀。

主题 6

师生平等，鸣奏动人和谐乐章

《礼记》中强调，不但要尊重教学自身的规律，而且要把握学生的认知规律。教师不要急功近利、急于求成，而应当以循序渐进的方式对学生进行教育，这体现了以学生为主体的人文教育思想。把教与学摆在同等地位上，体现了教师与学生地位的平等。在学习共同体中，教与学互为条件，相互促进，共同推进教学的发展。

一、典型事例

陶行知先生当校长时，看到两名学生正准备起冲突，他及时制止，把学生叫到他的办公室。之后陶行知找其他学生了解情况，然后返回办公室，发现那名学生在等他。陶行知掏出一颗糖，说："这是奖励你的，因为你很准时，比我先到。"学生惊疑地瞪大了眼睛。接着，陶行知又掏出第二颗糖，说："这也是奖励你的，我制止了你，你立刻就停手，说明你很尊重我。"学生错愕地张大了嘴。接着又掏出第三颗糖说："你与那位同学发生冲突是因为他欺负女生，说明你有正义感。"学生拿着三颗糖哭着说："校长，对不起，我错了。不管怎么说，我的冲动行为是不对的。"陶行知又掏出了第四颗糖，说："你已经知道错了，我们的谈话也结束了。"

很多时候，看到孩子的不良行为，我们往往不问青红皂白先是一顿责骂，而陶行知先生告诉我们，要尊重我们的孩子，信任我们的孩子。他在与学生简短的谈话中，没有责备，没有讲大道理，有的只是平等、信任与肯定。陶先生用四颗糖果的故事告诉我们，教育是平等的对话与交流，是春风化雨。

被称为"华文卡内基之父"的黑幼龙先生养育了四个优秀的孩子，他在《慢养：给孩子一个好性格》里说，教养孩子最重要的是，你必须平等地对待孩子，相信自己的孩子不是坏孩子。黑幼龙先生的二儿子黑立国曾是个"混世魔王"，高中毕业时，他和妈妈去购物时，顺手牵羊偷走了一副回力球手套，被保安抓到。得知这件事，黑幼龙没有着急训斥儿子，而是耐心地询问他为什么这样做。儿子说他听说有的同学会在卖场拿小东西，所以他想试试看会不会被发现。黑幼龙说："即使发生了这种事，我和妻子也不认为黑立国是坏孩子。"长大后黑立国说："回想过去，每当我做了些调皮捣蛋的事，父母虽然会惩罚我，但是他们总是很清楚地让我知道，错的是我的行为，并不是我这个人。"

二、事例分析

心理学上有一种“贴标签效应”：当一个人被一种词语、名称“贴上标签”的时候，他就会做出“自我印象管理”，使自己的行为与“被贴的标签”内容一致。我们每天和孩子一起总结他今天的优秀表现，比如坚持刷牙、坚持练琴、信守承诺等等，就会发现孩子表现越来越好。这些正面的标签会给予孩子积极的心理暗示，让他向着越来越好的方向发展。

陶行知四颗糖果的故事距今已近百年，却依旧温暖人心。陶行知先生没有用训斥、苛责的方式给孩子贴上暴力、坏学生的标签，而是把守时、尊重他人、正义感、勇于认错这些肯定和优秀的标签给了孩子。我相信这个孩子走出校长办公室时，一定会眼里有光、心中有爱。教育的本质，其实是教师的一场自我修行，愿我们每一位为人师者，都能心中有爱、兜里有“糖”。

师生关系是指学生和教师在教育教学活动中结成的相互关系，它是教育教学中一个基本的关系，主要包括师生之间所处的地位以及他们对待彼此的态度。师生关系是教育教学过程中非常重要以及最基础的人际关系，良好的师生关系有利于教育教学活动的圆满进行。

随着社会的不断发展和进步，师生之间的关系也发生了一系列的变化，它经历了由以教师为中心—以学生为中心—教师主导、学生为主体的师生关系的变迁。不同的时代背景赋予师生关系不同的含义。

素质教育要求，在教育教学过程中，教师要尊重每一位学生的权利，要使每一位学生都能得到全面和谐的发展。素质教育反映在师生关系上，就是要强调师生之间的民主与平等。

美国于 20 世纪 60 年代兴起了人本主义理论，这一理论主要强调教育应该以学生为中心，尊重学生的权利与义务，注重发挥人的作用。在这一理论影响下，民主、平等的师生关系引起许多发达国家的重视。这种师生关系在注重在引导学生学习知识的同时，更注重教会他们如何做人，并且注重他们身心的和谐发展。该理论主要强调人的作用，重视人的情感因素。在当今教育改革中，用人本主义理论来指导教育实践具有重要的作用，而民主平等的师生关系正是人本主义的一种体现。

三、专业指导

教育教学的过程是师生交往、共同发展的互动过程，随着教育改革的不断深入，师生在教学活动中的角色发生了很大的变化，教师是学生学习活动的参与者、引导者和合作者，学生是自己学习的主人，平等的师生关系是推进自主学习、自主发展课堂教学改革的重要前提，对提高教学质量、培养高素质人才有着重要的意义。那么如何在教育教学中建立平等和谐的师生关系呢？

1. 要树立正确的学生观

要以积极的态度对待学生，关心每个学生的发展，相信“每个学生都是人才”。让学习困难生得到转化，让优秀学生得到更大发展，才能体现教育的真正价值。教师要树立正确的学生观，多把尺子衡量学生，尊重每个学生的人格，发现他们身上的闪光点，创造适合每个学生发展的环境，把促进学生的发展建立在其兴趣和爱好的基础之上，使每个学生都能体验到学习的乐趣。

2. 要有高尚的师德和广博的学识

高尚的师德修养和广博的学识，是建立平等师生关系的前提。司马光有一句名言：“才者，德之资也；德者，才之帅也。”一名优秀教师不仅要有广博的知识，更要有高尚的师德修养；我们的工作不仅仅是传授知识，更重要的是培养品德高尚的合格公民。显性方面，教师的语言、行为、个人习惯无不对学生产生潜移默化的影响；隐性方面，教师对工作认真的程度、对学生关心的程度、对工作主动的程度以及个人的奉献精神，都是教师立足教育事业、赢得学生信任的前提。

3. 要更新教育方式方法

教师首先应该与学生平等相处，用心去思考学生在想什么、需要什么，帮助学生解决在生活和学习中遇到的问题。教师应改变过去强调让学生接受学习、死记硬背、机械训练的方式，倡导学生乐于探索、主动参与、勤于动手，培养学生搜集和处理信息的能力、获取新知识的能力、分析和解决问题的能力以及交流与合作的能力。

4. 要尊重学生的个性发展

学生和教师一样，都是独立的个体，有着自己的情感体验和对世界的表达方式，需要教师的理解和尊重。教师应尊重和鼓励学生的个性发展，鼓励他们积极参与各项活动。活动中，教师要和学生相互尊重、互相合作，让学生在这样的环境中全面发展，感受到自己人格的尊严。

综上所述，师生之间民主平等的关系有利于人才的培养，有利于构建良好的师生关系，有利于促进学生的全面发展，有利于培养富有创新精神的人。

专题二

懂学生，要倾听学生的心声

倾听是一种宽容，海纳百川，兼容并蓄。要做一个仁者，播撒爱的种子；要做一个哲人，将学生引向至真、至善、至美；要做一个诗人，倾听花开的声音，走进学生的心田。

陶行知先生说："真教育是心心相印的活动。唯独从心里发出来的，才能达到心的深处。"作为教师，要懂学生，学会倾听学生心灵的声音。要深入学生的心灵世界，感受当代学生丰富的精神世界，不仅要与学生对话，而且要学会倾听，倾听花开的声音。教师真正学会了倾听，学会倾听来自学生心底的声音，眼前那些可爱的学生才会走进你的心田。

加拿大著名教育家马克斯·范梅南说："一个真正的发言者必须是一个真正的倾听者，能听懂我们日常听觉范围以外的深层含义，能倾听世间各物对我们说的话。"倾听是一种宽容，海纳百川、兼容并蓄是一种真正的互惠。

有位作家这样说："有的人会走过美丽而视若无睹，有的人会走过痛苦而漠然处之。而真正的仁者、哲人、诗人，才会用自己的心灵去体察、去感受，去分辨自己所听到的声音中不同的灵魂的震颤。"我们要做仁者，拥有宽广的胸襟，播撒爱的种子；要做一个哲人，指引理性的思考，将学生引向至真、至善、至美；更要做一个诗人，倾听花开的声音，走进学生的心田。

主题 1

从容应对，关注学生精神成长

教育是什么，苏霍姆林斯基说，教育就是从黑暗走向光明。"教育首先是精神成长，然后才是科学获知的一部分。"在教育中，我们要从容应对，关注孩子的精神成长。

一、典型事例

事例 1

近年来，合肥八中特别关注学生的精神成长，通过多种方式，丰富学生的精神世界，培养学生终身学习的能力。例如组织社团活动，开设非限课程，成立心理中心，开展生涯规划教育，举办科技节、班歌节、戏剧节，等等。

在这样大环境的熏陶及办学理念的指引下，我也在慢慢改变我的班级管理模式及教育理念。

2015 年，我接手 2014 级高二（22）班后就着手实践，多关注学生的精神成长。一个学年临近结束，自我反思盘点，还是有一些收获的。

精神性是人的本质属性，是人区别于其他生物的关键所在，也是一个人面对宇宙时的自我追问；是对人生终极意义的追寻，也决定了精神教育的艰难性。因此，我分别从以下四个方面进行了研究探索。

1. 培养学生追求卓越的气质

我经常告诉学生，一件事，不做则已，要做就争取把它做到最好，至少要把它做成全校最好。只要是学校里有意义的活动，就要全力以赴，争取拿最好的名次。同时还要求学生关注国家和社会，做个有担当的人。如何引导学生关注国家和社会？我的做法是引进电视节目和报纸。经常从网上下载最新的《新闻周刊》和《世界周刊》的内容，在班会课上放给学生看，让他们了解世界和社会。

通过所有学生和全体任课教师的努力，我欣喜地看到一个优秀的集体诞生了：学生普遍有了刻苦学习的态度，大多数学生养成了良好的学习习惯，言行自律，习惯用高标准要求自己，班风文明和谐上进。

2. 引导学生关注细节，小事不放松

我特别欣赏报纸曾报道的浙大一位寝室管理员的话——“小事有德，大事有成”，这句话也是我经常挂在嘴边的。学生也习惯了用小事修炼自我，助人为乐蔚然成风，同学间关系非常融洽，即便有一点儿小矛盾也很快能化解。同时，学生每天摘录一句名言，天天分享美好的事情，进行自我教育。

3. 激发学生树立高远的志向，养成高雅的志趣

高中生应当志存高远。我经常把过安逸的所谓好生活之志打趣为“懒人理想”。“志”不应该只理解为考上一所好学校、找到一份好工作、得到一份高收入、享受一种安逸的生活，它们只是志向中的一部分，而绝对不是最主要的部分，更不是全部。我曾开展过“我和我追逐的梦”主题班会，班会上，有的学生表示自己要拯救人类，有的学生表示自己要开发太空，有的学生表示自己要解决教育之痛，有的学生表示自己要在都市开一家小小的花店来装点人们的生活……没有哪个学生想专为自己的安逸生活活着。

在具体教学工作中，可利用班会课进行讨论，引导学生树立高远的志向，养成高雅的志趣，并有针对性地促使学生践行。

4. 崇尚阅读，丰富学生精神生活

朱永新教授说：“一个人的精神发育史就是阅读史。”人的心灵是怎样发育的？事实证明，精神发育中最重要的载体就是阅读。人类最伟大的智慧、最伟大的思想无法从父母那里通过基因来拷贝、遗传，而是深藏在那些最伟大的书籍之中。阅读不是一个民族一劳永逸就可以解决的问题，而是这个民族的每个个体都要开始重新面对的问题。没有阅读，就没有个人心灵的成长，就没有人的精神的发育。阅读不能改变人生的长度，但它可以改变人生的宽度。

通过开展经典阅读活动，可以不断丰富学生的精神世界。我经常向学生推荐好书、好刊物，并组织学生写读书笔记，及时进行交流。我们班的语文老师每个月都会向学生推荐一本值得阅读的经典书籍，利用每周两节的阅读课举办一些分享活动。

回想一年来和学生走过的日子，我欣喜地看到了学生的成长，实实在在感受到了学生的集体荣誉感，因为我们走过了一条和别人不一样的路。陪学生一起走过的日子，学生的热情也点燃了我，这是我意外的收获。

事例 2

学校要举行春季趣味运动会，我帮助学生选择合适的比赛项目。其中有一项“三人四腿”比赛，孩子们都争着报名。一个又矮又胖的男生执意要参加，我考虑到该项目不是这个男生的强项，如果让他参加会影响班级比赛成绩，就不想让他参加。但我又想到这个学生父母离异，他这样做可能是希望父母都来和自己一起参加比赛，再次感受“完整的家”。他要在“三人四腿”比赛中把自己的家庭展现给全班同学。于是，我给这个孩子报了名。结果不出所料，这个孩子的家庭组最后到达终点。结果并不重要，在整个过程中，这个学生都异常兴奋，脸上挂着灿烂的笑容。更让我没有想到的是，从此以后，这个学生有了很大的变化，性格开朗了，学习更用心了。

二、事例分析

教育不仅仅是让学生考试有一个好分数，更要让学生平时有好“精神”。案例中，合肥八中教师的做法特别关注了学生的精神成长。

学习对于学校和学生家庭、学生本人的重要性尽人皆知。学生除了学习的需要以外，还有精神成长的需要。在当今这样一个思维多元的环境下，别说是学生，就是成年人也容易迷失自我。然而被淹没在应试教育海洋中的学生，无暇也无力挣扎出空间求得精神的成长，教育也越来越远离其本真意义。在目前激烈的分数竞争背景下，教师太容易忽视思想教育方面的责任。

我为上述事例 2 中这个孩子感到庆幸，因为他遇到了一个好教师。这位教师没有因为关注成绩而漠视学生精神的成长。教育是促进人发展的活动，而精神成长是人发展最核心的问题，“关注学生的精神成长”不仅是教师的职责，更是师德的最高境界。

关注学生精神的成长，需要教师付出更多的心血。有人说教育是教师在凭良心干事，无论你怎么干，在表面上看不出太大的差距。这话有一定的道理。如果一位教师只是为完成任务而工作，就不用耗费很大的精力。如果他选择了“关注学生的精神成长”，就意味着他要付出更多。因为，要关注学生精神的成长，就需要教师通过观察学生的言行举止和喜怒哀乐了解学生的内心活动；需要教师在了解学生的成长史和生活背景的基础上，分析其心理活动及行为表现产生的原因；需要教师巧妙地抓住学生的成长点，缜密地设计个性化的教育方案；还需要教师有足够的教育智慧和精神养料，为学生的精神成长源源不断地输送营养。

关注学生精神的成长，需要教师淡泊名利。学生精神的成长，很难在短时间内奏效，可能要在几年乃至十几年后才能显现出来，而当下考核教师的量化指标很难与几年乃至十几年后所显现的教育成果挂钩。如果教师将关注学生的精神成长放在首位，可能会失去一些荣誉和利益。例如上述事例 2 中，男生的家庭最后到达终点，肯定会影响班级成绩。如果这位教师急功近利，仅仅关注当下的成绩或荣誉，就会选择不让这一家三口参加此项目，那样班级可能会取得较好的成绩，而该生的精神却会受到伤害。每位教师都生活在现实社会中，“名”关系到教师的“面子”，“利”关系到教师的生活质量。但如果获取名利必须以伤害学生的精神为代价，那就需要教师舍弃名利。

关注学生精神的成长，需要教师胸怀教育理想。教师的教育理想应该是让每一个学生都得到最好的发展，为学生一生的幸福奠基，为未来社会培养合格的公民。拥有教育理想的教师，才能具有远大的教育目标，不会因为某个学生参加某项活动会影响班级成绩而剥夺其参与权，也不会因为某个学生会影响升学率和及格率而把他排挤出校门；拥有教育理想的教师，才能认真倾听每一个学生发自内心的呼声，满足学生成长的需要；拥有教育理想的教师，才能更好地维护学生的人格尊严，因为他懂得讽刺、挖苦、谩骂、打击只能给学生的精神带来伤害；拥有教育理想的教师，才能自我加压，不懈追求，永不满足，因为他深知每个学生的内心世界都是独一无二且丰富多彩的，教育教学探索无止境，只有更好的教育，没有最好的教育；拥有教育理想的教师，才能在学生心中播下理想的种子，一旦这种子在学生内心深处生根发芽，就会形成一种积极向上的力量。当外在的关注和内在的自我成长融合到一起，才能真正实现教师的教育理想。

“人类被赋予了一种工作，那就是精神的成长。”列夫·托尔斯泰的名言提醒我们，关注学生的精神成长比关注学生获得了多少知识与技能更为重要。人存在的价值，不唯知识的饱学，不唯才智的增长，更在于人格的建构、精神的挺立。

三、专业指导

教育的过程首先是学生精神成长的过程，教育工作者就承担着帮助学生精神成长这样一个神圣的使命。作为教师，我们要从容应对教育教学，关注学生的精神成长。

1. 活用教材与教学资源，在课堂上播撒精神独立的种子

教材就是个例子，而这例子正是学生精神成长的沃土。以语文三年级上册第一课“自画像”为例，教师给“自画像”设定了如下教学目标：①了解自己的特点，发展自我意识和自我概念；②敢于展示自己的优势，有自信心，形成自我

认同、自我悦纳的态度；③积极进行自我概念与人格的建构。在课堂教学中，教师设计了这样三个活动：①了解自己的长相，喜欢独特的自己；②交流自己的爱好特长，亮出最棒的自己；③思考自己的优点和不足，成为最好的自己。

课中有一个“说爱好，展风采”的环节，在学生充分交流后，教师随即向学生介绍自己任教的学校——滨海实小篮球爱好者的特殊本领，他们能让篮球在指尖上飞旋，还能用篮球玩出各种花式，中央电视台等5套节目的“篮球公园”栏目对他们做过专题报道，同时播放视频。学生的积极性特别高，欣赏别人的同时对自己充满期待，在内心深处萌发出一种愿望，并成为自己的努力方向。这就是活用教材、整合教学资源给予学生精神成长的力量。在课堂上播下了精神独立的种子，我们只需要静待花开。

2. 连接课堂与生活，在活动中滋养学生的精神之花

课程必须植根于学生的生活才会对他们产生意义；教学必须与学生的生活世界相联系，才能真正促进学生的成长。教师可以把书本内容当作引发学生活动的工具，连接学生的课堂与生活，根据学生的“需要”，用加法或乘法让教学活动变得丰富，用减法或除法让教学活动变得简约，在充满魅力的活动中滋养学生的精神之花。

比如二年级“成长乐园”主题活动中“我来试试看”一节，教材的“留白”给了教师更多选择的空间，教师紧紧围绕“我来试试看”这一主题，把教室设计成一个活动超市，活动内容丰富多彩，有“表演魔术、叠衣服、叠被子、做水果拼盘、剪纸、搭积木”等。活动型的学习情境极大地调动了学生参与活动的积极性，激发了学生尝试、探索的欲望。

为了能选出跟学生生活紧密相关学生却一直都没敢动手做的事情，课前教师做了大量的调查，找出孩子们想做但还不“敢”去做的事是哪些，曾经试过但却做不好的事又有哪些。比如叠被子，在成人看来非常简单的事却是未成年学生的难题。同时，教师还注意到活动内容必须是学生感兴趣、想去试一试的。比如做水果拼盘，考虑到安全问题（做水果拼盘必须用到水果刀），教师犹豫不决。思前想后，不能因噎废食，生活中学生就不接触水果刀吗？于是，教师想到了请两位听课老师现场指导。最终挑选出便于在课堂上操作的“叠衣服、叠被子、做水果拼盘、剪纸、搭积木”等活动，在班级里创设了活动超市情境。由于课前准备充分，课堂上，学生在活动中兴趣盎然，有相当一部分学生尝试了两个以上活动项目，做到了人人参与、个个踊跃。学生们自主选择，大胆尝试，并且在尝试中交流自己的发现，与同伴分享自己大胆尝试的快乐。

这样富有“童心”“童趣”的活动设计连接了课堂与生活，在活动中滋养了学生的精神之花，培养了学生勇于尝试、敢于面对困难的积极心态，使学生增强了自信心，激发了学生热爱生活的情感，在真正意义上实现了从学校小课堂走向社会大课堂。

3. 打通课内与课外，在体验中丰盈学生的精神世界

关注学生精神成长要重视学生的体验，如果缺乏实践和体验，学生潜在的精神需要将难以变为现实的精神生长。苏联教育家马卡连柯说：“在学生的思想和行为中间有一条小小的鸿沟，需要用实践把这条鸿沟填满。”因此，教师在教学中应该多为学生设计一些体验活动，引导他们积极体验活动，使其获得真实的道德感悟。以“我们的合作”一课为例，学生可以亲历合作活动过程，体验合作的乐趣。

教师在课前、课中安排了两次制作彩纸链活动，同样的时间、同样的 6 个人，合作制作彩纸链的成果却相差很大。课中合作为什么能成功，学生通过小组交流讨论，兴奋地得出合作的经验：教师的指导让他们明白了，目标统一、合理分工、互相配合、不忘交流是合作的关键。接下来运用刚刚学会的合作方法开始新一轮的小组合作——帮灰姑娘分豆子，这完全是学生小组内自主合作的尝试，因为参与，学生们非常投入；因为体验，学生们兴奋……合作成功的喜悦洋溢在每一个学生的脸上。更有意义的是，在快下课的时候，学生利用废弃纸片拼出“合作快乐多”的字样，真实地表达了他们在合作过程中的感受。

“告诉我，我会忘记；给我看，我会记住；让我参与，我才会明白。”我们必须依托生活，开展丰富多彩的活动，让学生在真实的生活世界中去感受，通过不断的体验丰盈其精神世界，真正实现“在课程学习中努力寻求一条通向生活的道路，使学生在生活的内在联系中获得整体的发展”。[1]

主题 2

关注个体，因材施教促其发展

公平、公正地对待每个学生，不仅是正确的学生观，而且是科学的教育观。只有公平、公正地对待每一个学生，才能促进全体学生的健康全面发展。要树立公平、公正地对待学生的学生观，就要有一颗教育的爱心，承认和尊重学生的差异，克服教学的功利性，关注学生个体差异，因材施教，从而使每个学生都能得到充分的发展。

一、典型事例

1. 尊重差异，区别对待

学生的智力水平是有差异的，有的学生擅长记忆，有的学生擅长朗诵，有的学生擅长口头表达，有的学生擅长写作。鉴于这种情况，我在单元测试时，根据学生的不同学习程度出了两套练习题。A 组题较难，适合那些学习优秀的学生，内容既包含课内知识，也包含课外阅读。B 组题难易适中，适合学习一般的学生，内容主要是课本以内的知识，由学生自主选题。如果 B 组题过去测得“良”，现在测得“优”，那么他就是进步了。学生 B 组题答得好，那么他们必须答 A 组题，综合两组题对他们进行评估，这样不同的学生就有了不同的衡量标准。

2. 建立学生学习档案袋

学生学习档案袋是学生的学习及成长记录，内容主要包括课堂回答记录、各

① 案例参考：在品德课程中关注孩子的精神成长，滨海县实验小学王彤。参考网址：https：// wenku. so. com/d/df48a27eaa83d309ab2945eb257d77ac.

项活动记录、学科素质发展记录、学科知识成绩、学生作文中的闪光点等。

比如，我在讲《春》一课时，要求学生从5幅图中任意选择一幅进行绘画，同时为本课准备一套练习，这些都可以装进档案袋里。

再如，以“黄河”为主题的综合活动课，有的学生绘制了黄河流域图，有的搜寻有关黄河的古诗并配以图画，有的搜集了关于黄河的各种传说、谚语、俗语等，还有的学生为保护黄河写了倡议书。我把这些都装进学生的成长档案袋，作为学生成长的记录。

3. 差异化教学，优化教学方式

我们的课堂从过去以教师为中心的“师本课堂”，发展到以全体学生为本的“生本课堂”，再发展到现在以每一个学生为本、促进个性化学习的“自本课堂”。过去更多关注知识点和课标，很少去分析学生，因此就出现了面对不同的个体，用同一个教案上课，用同一套习题检测学生，用同一个标准评价学生的状况。传统课堂教学中，教师一般以“中等”学生为标准设计教学，这会致使高水平学生因缺乏挑战而感到厌烦，部分学生又会因难度过大而放弃挑战，造成课堂效率偏低。而差异化教学，教师有目的、有计划、有组织地引导学生积极、自觉地学习，教师将他们的时间、资源和精力都分配给有不同准备、有不同学习水平和兴趣的学生。所有学生的目标都是一样的，只是教学方式方法不同。

4. 小组分层教学，因材施教

不一样的学生适合不一样的学习方法。教师要面对的挑战是，如何在同一堂课为不同风格的学生提供相应的学习体验，使他们得到最大限度的提升。

学生们都有自己的学习“小圈子”，各班都构建了合作学习小组，组内成员包括学习优秀的学生、学习中等的学生和学习困难学生，组长和副组长由学习优秀的学生担任。学生们还个性化地设计了自己小组的组名，如“翠园科学组”“登峰造极组”“君临天下组”等，代表了各小组的决心。

教学的基本步骤一般是示标导学、布置任务、自主学习、优生崛起、合作过关、分享交流、教师讲解、人人过关。学生限时完成学习任务后，教师先检查小组长的完成情况，小组长负责检查自己小组其他组员的完成情况。教师再根据学生的完成情况，会的不讲或少讲，共同问题多讲，并进行5~10分钟的当堂小测验。

例如，直角坐标系这一知识点，面积问题是初二数学学科教材其中一个章节的重难点，也是中考高频考点。教师针对课标要求及学生学习能力差异，通过不同教学手段解决问题，最终达到学习优秀学生通过自学掌握直接法和割补法求面积的方法，感悟转化与化归思想；学习中等的学生通过自学掌握直接法求面积的方法，并通过小组讨论掌握多种割补求面积的方法；学习困难的学生掌握直接法求面积的方法，并通过同学的讲解，理解割补法求面积的做法。从而让每个学生都有发展和进步的空间，体会到学习过程中的快乐。

5. 分类作业、多元评价，全面提升核心素养

在作业方面，地理和生物学科组率先落实“双减”，不布置课后作业，所有作业课堂上完成。历史学科组、英语学科组和化学学科组进行作业创新，开发了类似“作业超市”的课后作业，设计了近十类不同形式的作业。针对学习有差异的学生，教师专门设计了不同层次的作业，力求让学生自主选择作业。“少而精”的高效分层作业，可以杜绝重复作业和无效作业。

在假期，让寒暑假作业变薄，通过组织骨干教师编写适合本校学生的寒暑假作业，将多学科寒暑假作业变成薄薄的一本，又根据学生的差异分成 A 本和 B 本。寒暑假作业中还包括了体育和劳动技术的作业，让学生在快乐中学习，在实践中成长。

通过对学生进行差异化分析、对教学目标进行有针对性的制定、对教学方法进行合理调整、对作业布置进行层次性设计，再与学校的“导师制”结合，即对学优生和学困生以及有特殊需要的学生进行量身定做、分类指导，每位教师“领养”2~3 名“亲传弟子”，进行个性化一对一辅导，系统实施差异化教学，真正实现面对有差异的学生实施有差异的教育，促进学生有差异的成长。

二、事例分析

专家指出：“一颗西瓜的种子，我们没法让它长成西红柿，如果是西红柿，我们也决不能用培育茄子的方式去对待。”是啊，自然界中每一棵植物都是独一无二的，我们找不到完全一样的两棵植物。同样，世界上的每一个人也都是独立的个体，具有独特的情感、性格、知识、思想基础和行动规律等。班级里的几十名学生肯定存在着各方面的差异，如兴趣爱好差异、学习习惯差异、家庭教育差异、生活环境差异等。因此，作为教师，要正视学生的各种差异因材施教，使学生的潜质有机会得到发挥，促进学生全面健康发展。

教师要改变传统的评价方式。评价不等于考试，不等于打分，更不等于排名。传统的评价方式往往只注重学生的考试结果，对知识的获得途径则置若罔闻，只重结果不重过程。教师对学生的评价习惯于先写出标准，然后逐条对照，像用一把尺子、一个模子检验机器零件一样将学生分成学习优秀的学生、学习中等的学生、学习困难的学生，然后区别对待学生。有的教师甚至把每次月考成绩都大肆渲染地在班级给予分析总结，并大张旗鼓地贴在班级醒目的位置。久而久之，学习优秀的学生和学习困难的学生都会在不同程度上加重心理负担。学优生很怕下次考不好而遭人耻笑，死啃书本；学困生则会破罐子破摔，惧怕考试，甚至讨厌考试。对学生来说，知识只有对错之分，学习结果只有上下可言，这势必导致学生只关注如何得高分、如何被上一级学校选中，只注重死记硬背课本知识，而淡化能力培养。

新的课程评价标准突出“发挥评价促进学生发展，促进教师提高和改进教学实践的功能”的要求。“多把衡量的尺子，就多一个人才；注重纵向比较，淡化横向比较，学生发展个性化，评价标准多样化”，这应该是当前评价学生切实可行的方法。对一个教师而言，少一些批评，采取“有情”“富有激励性”的评语，使学生在微笑中看到自己的不足，在希望和鼓励中汲取前进的动力，相信效果定会不同。由教师独评，转到教师参评，学生自评、互评，使学生通过自评和互评发现自己的不足，也发现别人的长处。

三、专业指导

在教学工作中，教师要不断更新自己的知识，完善、充实自己；在教育教学实践中，坚持做到培养好优等生，提高中等生，帮助潜能生；关注学生个体差异，因材施教，使每一个学生都得到发展。

1. 教学过程：考虑学生个体差异

《基础教育课程改革纲要》明确指出：“在教学过程中，教师应尊重学生的人格，关注个体差异，满足不同学生的学习需要，使每一个学生都能得到充分的发展。”在现代班级授课制的背景下，教师面临的是一整班的学生，必须重视学生个性差异进行教学，这就需要教师对学生的兴趣、能力、技能、知识、家庭环境以及同伴关系进行仔细的观察和详细的了解，不断调整自己的教育教学方法；不用统一的要求和制度来规范所有的学生，以免抹杀学生的个性。

例如，有些教师把学生分为“好学生”“坏学生”。对于“好学生”，教师亲近他们，鼓励他们，上课只关注他们，有问题也只喜欢向他们提问；而对于“坏学生”，教师就疏远他们，批评他们，对他们漠不关心，不理不问。一段时间后就拉大了所谓“好学生”与“坏学生”的距离。教师在教学过程中，必须尊重学生的差异，要清楚地认识到学生的性格是无所谓好坏的，应该深入分析学生个性形成的原因，尊重他们，因势利导，而不能去强行改变他们，更不能对他们不理不问。

2. 学习方式：尊重学生个体差异

课堂是学生学习知识的重要阵地，怎样让每个学生在课堂上都得到应有的发展？这需要教师认真分析每个学生的学习态度、学习意识、学习习惯、学习品质等方面的心理因素；还要掌握学生学习方式方面的规律，即发现式和接受式，学生的这两种学习方式是相辅相成，缺一不可。

发现式学习重视人的主观能动性，强调人主动获得知识的过程。发现式学习理论认为，人的认识过程是对进入感官的事物主动地进行选择、转换、储存和应用，从而得以向环境学习，并适应环境，乃至改造环境。发现式学习要求学生利用教师和教材提供的某些材料去发现应得的结论或规律，其目标在于发展学生的探究思维能力，让学生从已知事实或现象中推导出未知，形成概念，从中发现事物发展变化的规律，并培养科学态度和独创精神，掌握科学研究的方法。

发现式学习可以发掘学生智慧的潜力，可以使学习的外部动机向内部动机转化，有助于学生对所学知识保持记忆，学会发现的探究法。诚然，该模式在一定教学条件下，如教材适合运用“发现法”，学生思维活跃，能力较强，对所学内容有一定知识储备等，是一种有效的教学模式。它对发展学生的归纳思维能力、直觉思维能力、知识迁移能力，引导学生掌握知识，形成科学探究精神和思考习惯，有着很大的价值。

接受式学习强调教师的指导作用，知识的获得是由教师到学生的一种单向传递的过程，注重教师的权威性。其优点是学生能在短时间内接收大量的信息，能够培养学生的纪律性和学生的抽象思维能力。但是，学生对所接收的信息很难真正理解，容易培养单一化、模式化的人格，不利于培养学生创新思维和解决实际问题的能力，不利于学生创新能力、分析能力的发展。

3. 教学评价：承认学生个体差异

课堂上，教师如果只是一味严肃地说教或让学生练习，学生就会感到索然无味。因此，准确、及时的课堂评价，能激发学生积极参与课堂教学活动的欲望。而评价实施的方式应该因人而异，根据学生独立的人格特点，承认学生的差异性，不拘一格采用不同的评价方式和标准，而不能用同一个尺度、同一种评价方式去衡量与评价他们。

要做到这一点，教师就要深入了解不同学生的知识基础，关注他们的努力程度，评价实施的方式因人而异；不要横向比较，而要纵向比较，拿学生的现在与过去比。这种评价模式，可以给每个学生都创造全面发展的机会。

总之，要做到关注每一位学生的全面发展，公平对待每一位学生，尊重他们的人格，从内心深处关爱他们，包容他们的缺点，关注个体，因材施教，使每一位学生都能得到发展。

主题 3

面向全体，每个学生都是天使

应关心爱护全体学生，尊重学生，平等公正地对待每一个学生。一个温柔的眼神，一个会意的微笑，一句贴心的话语，一个体贴入微的动作，都会使学生感受到来自教师的关心与赏识，促使他们积极上进，激发他们的求知欲，增强他们的勇气和信心，从而创造更大的奇迹。

专题二 懂学生，要倾听学生的心声

一、典型事例

沈晓洁，1989 年 7 月大学毕业后参加工作。怀揣对教育执着的热爱，30 多年来她一直工作在教学一线，51 岁时仍担任班主任和 4 个班的生物教师。她几十年如一日，教书育人，为人师表，求真务实，勇于创新，让一批批中学生顺利度过了人生发展的“黄金时期”，在知识、技能、能力、情感态度与价值观等方面都得到良好的培养，为学生的终身发展奠定了坚实的基础，引导学生扣好了人生的第一粒扣子。沈老师自己也不断成长，被评为山东省教育专家、山东省特级教师、临沂市有突出贡献的中青年专家。

用赤爱陪伴学生成长

30 年来，哪里最需要，沈老师就到哪里去。2013 年，她积极响应“名校进北城”的号召，接受领导安排，来到北城新区并担任班主任工作，成为临沂实验中学新校区的第一批“拓荒者”之一。从那一刻起，她的班级管理就成为学校的一面旗帜，这面旗帜凝聚着沈老师多少披星戴月的忘我付出啊！由于新校区学生的家长大多忙于生意，无暇顾及孩子，学生大多学习习惯和行为习惯养成情况不好，管理起来非常劳神、辛苦。沈老师始终以浓浓的爱和强烈的责任感对待每一个学生，坚持不放弃每一个学生。

她的班主任工作理念是：“陪着学生一起成长，深度了解每一个学生，把握学生各自的特点，本着以人为本的原则，采用最适当的方法措施引导、培养学生，最大限度地提升学生的核心素养，促进学生健康、快乐地成长。”尤其是初中的孩子，正处在青春期，处于身体发育、智力发展的黄金时期，同时也是在心理上容易出现叛逆的时期。在做班主任工作的过程中，沈老师做到了耐心、细心、信心、恒心，把所有能利用的时间都利用起来陪伴、引领学生，哪怕是去餐厅吃饭都是一路小跑。

她细心关注学生心理、态度、情感等多方面的问题，对出现问题的学生及时予以帮助、疏导，帮助他们解决问题。例如，班里的小晨同学父母离异，爸爸每晚要七八点才能回家，小晨放学后不愿回家面对继母，经常在外游荡。沈老师了解情况后，便主动陪伴小晨每天在学校写作业，直到他爸爸来学校接他回家。沈老师还对小晨进行心理疏导，帮助他尽快适应新的家庭生活，小晨后来顺利考上了临沂一中。

沈老师重视并抓住学生参与各种活动的机会，用心思考活动中能实现的育人目标，充分捕捉、利用好活动中的每一个教育契机，拓展和提升学生各方面的素养，践行教育无处不在、教育无时不在的理念，在活动时有意识地引导、培养学生。在各种活动的参与和争创过程中，培养学生的竞争意识、吃苦精神、毅力、集体荣誉感等。在此过程中，让学生意识到，多学多练就没有学不会的，并不断扩大学生这种意识的辐射面，培养学生的信心。学生逐渐养成了各种好习惯，提升了其各方面能力和素养；很多学生由被帮助、督促逐步提高了自主能力。在学生自我管理能力提升后，她有意给学生一些自主发展的空间，但心思依然不离开学生，在学生感觉不到的地方默默守候，随时在学生出现闪失的时候及时拉学生一把，稳步提高学生的独立能力。

在假期，沈老师会通过电话或登门家访保持对学生不间断的关注和了解，使学生尽可能稳妥扎实地走好成长过程中的每一步。学生们都说："沈老师对我们既有一丝不苟的严格要求，又像慈母一样无微不至地关心着我们，是我们生活上的知心朋友，成长道路上的引路人。"

沈老师还努力增进家校密切合作，在带每一届学生的过程中，她都尽快对每位学生进行家访，熟悉学生成长的家庭环境状况，摸透每位家长对孩子的成长能做哪些工作、能配合教师实现孩子成长的哪些目标。对那些教育孩子确实有困难、时间不充裕、能力达不到的家长，便力争赢得家长的理解、信任，使其支持和配合教师对孩子的教育。许多家长由衷地说："沈老师是最负责的老师，比家长付出的都多。""孩子交给您俺太放心了，感恩遇见这么好的老师。"

二、事例分析

朱永新教授在《新教育之梦》中写道："我们应该细心地关爱每一个学生，保持公平、公正，让每一个学生都充分享受到教师的爱，让孩子们在平等、公正的爱的滋润下茁壮成长。"让所有的孩子都能享有公平受教育的机会，是我们每个教师的责任和义务，只要我们一直以正确、鼓励的态度对待学生的对与错，相信学生会还你一个惊喜！

素质教育要求面向全体学生，这就是说对学生必须“一视同仁”，公平对待每一位学生，使全体学生都得到发展；把每个学生都看作自己的孩子，让每个学生都能享受到教师爱的阳光雨露。身为一名教师，在课堂上更应该时刻观察、注意每个学生的内心世界。

教育的真谛，往往就蕴含在教师公平的行为中。每个人来到这个世界上都是一个独特的个体，每个学生的身上都蕴藏着巨大的潜能和成功的希望，而教师的歧视和白眼则很有可能将这种潜能和希望扼杀掉。这是违背教育本质的，教师唯有平等地对待每一位学生，才有可能激发蕴含在学生身上的这种潜能和希望。

苏霍姆林斯基在《和教师的谈话》中说：“漂亮的孩子人人喜欢，而爱难看的孩子才是真正的爱。”

把我们的爱无私奉献给每个孩子，那么孩子会受益终生，他会感恩于你，你也会从孩子们成长的喜悦中获得极大的幸福。

三、专业指导

新课标要求面向全体学生，而不是少数学习优秀的学生。这既顺应了未来教育的发展趋势，也是国家对人才需求的必然体现。根据国家的需要，既要培养高素质的尖端人才，又要为工业、农业各条战线培养合格的建设者。每一个学生都有其特长，教师要认清每个学生的优势，开发其潜能，培养其特长，使全体学生各自走上不同的成才之路，成为不同层次、不同规格的有用人才。所以，面向全体学生绝不是一句空话，每个教育工作者都要把它落实在行动上。

1. 面向全体学生，就要让每一个学生都得到全面发展

评价一个学生是否全面发展，不只是看他学习上的成绩是否优秀，还要看他的心理是否健康，身体、智慧以及情感、态度与价值观和社会适应能力是否得到了全面发展。因此，促进全面发展不再是所有学科优势互补共同完成的任务，而是每一个学科自身必须完成的任务。在教学中，教师不但要教会学生知识，更重要的是教会学生如何做人，发掘学生身上所蕴藏的巨大潜能，让学生有健康的体魄，有纯洁善良的心灵、乐观豁达的态度、友好合作的交往、勤劳质朴的作风。

学生全面发展，将来才能担负起建设祖国的重任。学生的全面和谐发展，意味着学生身心的健康成长，是学生身体、智慧以及情感、态度与价值观和社会适应性的全面提高与和谐发展。

2. 面向全体学生，就要针对性格各异的学生实行个性化教育

没有个性的教育，是失败的教育。教师应尊重学生不同的人格，关注学生个体差异，满足不同学生的学习需要，创设能引导学生主动参与的教育环境，激发学生学习的积极性，培养学生掌握和运用知识积极主动的态度和能力。每个学生都有其特点，要使每个学生都能得到充分发展，教师就要培养学生的自主能力。

首先，培养学生在学习活动中独立的主人翁意识，使其有明确的学习目标和自觉积极的学习态度。在教学中，学生不应勉强机械地接受，而应积极主动地思考，在教师的启发指导下独立探索知识，避免教师一人独霸课堂，搞“一言堂”“填鸭式”教学。学生的积极性被调动起来后，他们才能够自主学习，善于进行自我调节和自我控制，追求最大限度地发挥自身潜能；在学习中遇到问题时也能大胆地向他人质疑、请教。学生的这些表现，正是学生自主性充分发挥的结果。

其次，教师要了解自己的学生，掌握每一个学生的情况。尊重、关心、理解和信任每一个学生，有的放矢，扬长避短，针对不同个性的学生进行个性化的教育；因材施教，给学生制造自主发展的空间，使他们的个性得到充分自由的发展。教师的“教”是为了“不教”，让学生学会自己学习。一个具备了自主学习能力的人，能够合理地利用自己的选择能力，有明确的目标，能够作出正确的自我评价，在各种活动中能够自我调节、自我监控，在生活中能够进行自我教育。

总之，为了学生更好地、全面和谐地发展，教育要面向全体学生，让学生全面发展、主动发展，唯有如此，教育才能体现“为了每一个学生的发展”的理念。作为教师，任重道远，要在实践中不断探索，不断发展，不断创新，以便顺利适应新课程的要求，成为新课程的实施者和创造者。让我们把每一个学生都当作自己的孩子，面向全体学生，我们会发现每个学生都是天使。

主题 4

尊重差异，成长为最好的自己

教育的目的是帮助学生认识自己、发展自己和成为最好的自己。差异化发展就是面向全体学生，通过“规范+选择”，实现“合格+特长”的目标，使每个学生都能在德智体美劳等方面实现发展的前提下，体现差异，张扬个性，释放潜能，获得最大发展，都成长为最好的自己。

一、典型事例

事例 1

风华初级中学是新静安初中学段首个集团化办学的学校，也是迄今为止该区域生源最多、办学规模最大的初中教育集团。

长期身处课堂教学一线听课、研课的堵琳琳，深知从对口小学入学的近 3 000 名学生在学习基础、学习能力和学习兴趣等方面是有差异的。堵琳琳认为：“教育者要站在孩子的视角，打造学生认同度高的课程体系，允许每个孩子以不同的路径、方法、速度完成学习，这是对孩子学习过程的尊重。”

在她的倡导下，学校确立了“尊重差异、促进成长”的办学理念，并针对学生的个性差异与各自特点规划课程，构建满足学生多元需求和自主发展的差异化教育体系。

风华初级中学预备年级学生生源差异较大，堵琳琳要求教师针对不同层次的学生开展分层教学，考试也按照不同学情分层出卷。结果令人惊喜，调研结果表明，升入七年级后，部分学生学业水平提升迅猛，进步很大。

“分层学习让学生感受到了学业成就感，帮助他们建立积极的自我认知，让孩子们知道只要努力就能收获好的结果。”对此，堵琳琳很是自豪。她感慨地说：“每个孩子都是不一样的，他们没有好坏的分别，只有个性的差异。如果我们充分尊重他们的差异，发扬他们的长处，我相信，给一点儿阳光，他们就会拥有属于自己的灿烂，就会‘做最好的自己’。”

事例 2

“教育的本质不是谋生，而是唤起兴趣，鼓舞精神。”浙江大学教授郑强如是说。

在这所学校，所有教师都秉持一个传统，那就是做“幸运教育”，力图使每一位学生在高职学习的 5 年中都能找到属于自己的“幸运”，真正有价值地在这里学习和生活。只要勇于挑战自己，学校就会给他们提供最大的舞台。

5 月 26 日，该校学生居宏晖迎来难忘的一天——学校为他举办了个人演唱会。这也是学校继去年为另一位学生高佳明首开学生个人演唱会后举办的又一场学生个人演唱会。那天，居宏辉的朋友和家人全部来到了演出现场……

王子文，现在被老师、同学亲昵地称作“汽车男孩”，他曾是父母眼里叛逆的儿子、教师眼中头疼的“问题学生”，他自己则曾经有过放弃学业的念头。系主任林春的话让他醍醐灌顶：“别以为出了学校就是种解脱，现在的你在社会上到底能承担些什么?”最终在班主任徐军平老师及系部师长的关心引导下，王子文走上了奋起之路。从小热爱音乐、热爱乐器的他，与其他三名学生组成了“汽车男孩”表演队，成为校园舞台上频频受邀的表演团体和闪亮的明星。

让学生在活动中成长，感受自身价值，这是学校遵循教育规律进行育人的一贯做法。因此，学校大力扶持学生社团，给他们提供舞台，让他们发现自我，激发潜能，做最好的自己。

学校鼓励学生根据自己的爱好特长成立属于自己的社团并招纳社员，学校现有科技类、文化类、艺术类、专业类、体育类等社团 120 多个；还把活动主办权“下放”给学生，活动组织采取“招投标”方式，放手锻炼学生。图书馆、体育馆、俱乐部、书吧……学生真正成了这些场所的“主人”。

学校每年为 200 名学生提供勤工俭学岗位，并设置学生行政助理、文明督察等，利用学校资源为在校生提供锻炼的机会；还积极建设创业基地，鼓励学生组建自己的创业团队，并聘请职业经理人，指导学生开展创业实践活动。

该校每两年举办一次“就业创业明星评选”活动，让明星在身边闪光。学校充分挖掘校友资源，通过对毕业校友的跟踪调查和了解，推荐一批就业、创业典型在校内进行广泛宣传；每两年推出“就业创业明星”10名，并为他们举行隆重的颁奖典礼。“明星”们的事迹、业绩还汇编入《传国韵精神 走现代职场》校本教材。通过此举旨在更好地培养学生的就业创业意识和职业素养，为他们树立生动鲜活的榜样。

“基于学生成长成才，着眼于社会发展”，这是学校的办学理念，也是学校文化建设的最终目标。

二、事例分析

素质教育的目标是让所有学生都得到最大限度的发展。为提高教学质量，充分调动学生的积极性，尊重学生的个性，是非常必要的。学校要以学生为本，尊重学生个性，让学生充分认识自我价值，树立自信。

我国要想从人力资源大国走向人力资源强国，就需要培养高素质的劳动者、专门型人才和创新型人才。为实现这一目标，应确立多样化的人才观，创新人才培养模式。教育要想实现新突破、培养创新型人才，就必须尊重学生的个性差异。

长期以来，中小学标准化的办学模式无视学生的差异，实现学生的个性发展只是一种教育理想。我们不应培养适应学校的学生，而要办适应每个学生发展的教育。要实现教育充满生机的“百花盛开”的局面，就应从构建适合学生差异化发展的课程体系、教学体系、评价体系和文化体系入手，探索学生差异化发展的新路径，从而创建适合学生差异化发展的特色教育。

三、专业指导

面向全体，尊重差异，让每个孩子都成长为最好的自己。为学生提供适合差异化发展的空间，就必须实现“三个转变”，促进学生主动发展。

1. 从“为教师的教而设计”转变为“为学生的学而设计”

教师在备课时要注意思考以下三个问题：一是从目的来看，是为了教师“好教”而备课还是为了学生“好学”而备课；二是从方法来看，是研究“教”的方法还是研究“学”的方法；三是从效果来看，是关注“教完了”还是关注

“学会了”。教师备课要从学生实际出发，尽可能给学生提供更多的动手、动脑、体验和感悟的机会，而不要太多地进行预设，更不要把课堂设计成机械的流程图。因此，备课可以围绕以下五个“变”展开。

一变：把兴趣变成学生的兴趣。兴趣是最好的老师，教师在备课时要将培养学生的兴趣放在第一位。学生只有对学习产生浓厚的兴趣，才会学在其中。

二变：把方法变成学生的方法。教师的方法不是学生的方法，教师不应将学习方法机械地灌输给学生，而应以启发、引导为主，让学生在体验中形成自己的学习方法。

三变：把能力变成学生的能力。教师要培养学生在学习过程中逐渐生成学习能力，而不是单纯接受理论的灌输。

四变：把活动变成学生的活动。教师在备课中可设计多种教学活动，不仅能激发学生的学习兴趣，提高其学习积极性，还能培养学生的合作能力。

五变：把成功变成学生的成功。学生的成功才是教师的成功，教师应充分认识并理解成功的内涵，将学生引向成功。

2. 从“依靠教师的教”转变为“依靠学生的学”

教师在教学中要注重学生的参与和发展。“参与”就是让所有学生都参与到学习活动中，“发展”指参与的广度和深度，使学生的兴趣、激情、方法、习惯和能力等都有所提升，并且能体验到成功和快乐。需要指出的是，课堂的精彩源于学生的精彩，因此，教师要相信学生，适当放权给学生，具体应做到“五给”：给学生一个探究任务，让学生养成研究的习惯；给学生一个表现的舞台，让学生养成主动参与的习惯；给学生一个补充的机会，让学生养成倾听的习惯；给学生一个质疑的机会，让学生养成深度思维的习惯；给学生一个评价的权利，让学生养成自主判断的习惯。

3. 从“关注教学指标的完成”转变为“关注学生的成长”

教师明白以人为本的教育理念，但因为缺少以人为本的实践，所以制约了个性化教育的发展。人们期盼教育的深度变革，更盼望“一个鼓励个性发展的时代”的诞生。而解决问题的根本在于评价，教师在评价时应以“让每个学生做最好的自己”为标准，具体评价原则如下。

一是尊重差异。学生的成长有快有慢，只是节奏不同，没有优劣之分。尊重差异就要尊重每一个个体，帮助每个学生找到“最好的自己”。

二是关注过程。教师要善于鼓励学生从小事做起，从每个细节做起，使学生在学习中有所收获，在不断自我超越中成为最好的自己。

三是多元评价。教师要有一双发现的眼睛，在教学中，要从回答问题、完成作业、参加活动和展示特长等方面出发，发现学生的优势和长处，并适时给学生以鼓励，提升学生的自信心。学生不断增强自信的过程，就是他们成为最好的自己的过程。

综上所述，教师应从尊重学生个体差异的角度寻求教育理论与实践的结合点，发展因材施教的教育思想。教师要在教学中充分利用差异化资源，创造适合学生的教育，给所有学生提供成功的机会，促使学生自信、自强、主动地学习，克服困难，积极进取，成长为最好的自己。

主题 5

放慢脚步，耐心陪伴学生成长

上帝给我一个任务，
叫我牵一只蜗牛去散步。
我不能走得太快，
蜗牛已经尽力爬，
每次总是挪那么一点点。

——《牵一只蜗牛去散步》

教育本是一种慢的艺术。教师应放慢脚步，有足够的耐心，期待美好的未来。面对正处于成长阶段的孩子，任何立竿见影、急于求成的做法都是不明智的。让我们在耐心中展现教育的品格，在耐心中散发教育的力量，在耐心中成就学生的成长。让我们放慢脚步，耐心陪伴学生成长。

一、典型事例

重庆南开中学2015年寒假致家长的一封信

尊敬的家长：

您好！

您的孩子考试结束，顺利离校返家，寒假生活已然开启。学业成绩将由班主任随后（发放）寄出，敬请查收。

如果我们用庄子“无用方为大用”的观点来谈孩子的教育和成长，或许会被当下的社会斥为无稽之谈，因为实用主义哲学早已深入人心。成绩至上、目标第一的教育论或已洗去了许多人头脑中养孩子的乐趣，现在一些父母总是在盼望孩子快点儿长大，快一点儿达成父母心中的期盼。操劳的父母总是在工作和家庭的两端来回奔波，年复一年，日复一日，疲惫地感慨时间都去哪儿了。时间可以被工作、事业、人际交往挤满，可就是没有更多的时间去陪伴孩子慢慢地成长。总有一天，那些父母会意外地发现：没有晾着儿女衣服的阳台有点儿空荡，少了一副碗筷的饭桌有点儿寂寥，茶几上不再摆设可爱的玩具有点儿冷清，听见邻家的小姑娘喊爸爸时总怀念曾经的温馨……这才意识到孩子的长大其实是父母的落寞。那时才多么希望时光可以慢流，时间可以不像现在这样急不可耐，能够慢下来，听听孩子说一些天真烂漫的故事，道一些可爱单纯的想法。静静地陪伴，就像在一个冬日阳光照耀的下午，一家人坐在阳台上晒太阳，父亲慵懒地躺在摇椅上打着瞌睡，母亲和女儿说着体己的话。这样的时光才最值得回味，最需要典藏在沧桑的岁月中。

法国自然主义哲学家卢梭说：“大自然希望学生在成人以前就要像学生的样子。如果我们打乱了这个秩序，就会造成一些早熟的果实，既不丰满也不甜美，而且很快就会腐烂：我们将造就一些年纪轻轻的博士和老态龙钟的学生。”当我们环视周围，不正是看到一群速度、高效教育培养的伪成熟的孩子吗？三岁学舞蹈，四岁学钢琴，五岁学绘画，六岁背唐诗，学习是孩子们生活的唯一内容，丢失了童年的乐趣、少年的轻狂、青春的热情，为了成绩、名次，为了全能的素质而拼尽全力。他们毕业之时并不知道自己需要什么，不知道生活的乐趣所在，他们只会在压抑之后的毕业季，在疯狂之后挎着行囊朝着高校走去，却不是朝着志趣前行。他们也会在大学毕业之时因为生活、工作而茫然不知所措。

因为他们从来都没有慢下来认真地发现自我、认识自我。我们的父母心里其实非常清楚，一段旅行好过一次培训，一本好书胜过一套试卷，一次促膝长谈好于一夜挑灯苦战。但父母往往因为社会的功利而瞻前顾后。孩子只有一个，人生只此一回，选择仅有一次。当家长们在手足无措之时便会将目光投注在成绩上。其实，成长永远都是一件不能急于求成的事情。当我们对孩子的成绩患得患失的时候，引导孩子整理知识、系统分析，或许远胜于空洞的鼓励或责备；当我们忙着催促孩子完成作业的时候，培养孩子的契约精神，赏罚分明，或许更能锻炼孩子的自理能力；当我们周末待在家里苦了自己，也累了孩子的时候，或许一次爬山更能换回一家人大好的心情。放慢孩子成长的节奏，才是对生命的尊重。患得患失、急功近利的教育只会让孩子在拘谨的狭小空间里迷失自我。亲爱的父母们，成长的生命需要的从来都不是一个结果，而是在过程中享受属于自己的乐与苦、喜与悲。在这个过程中，没有任何人能成为孩子的替代者。优秀的父母只会营造环境，提供契机；成功的父母只会在漫长的岁月中享受养育孩子的快乐。因为，孩子是父母一生中最美的礼物，也是父母命运中最持久的陪伴者。

当你放慢奔波的脚步，平复等待的焦急，才会有更多的时间和耐心来思考孩子的教育和人生。因为教育的艺术不在于传授本领，而在于唤醒和鼓舞。南开的教育从未否定学业和成绩的作用，南开的教育还强调不断唤醒孩子的自律、自觉、自省，激发他们潜藏的能力、志趣、爱好，用“无用”的阅读、思考、交流来充实更加厚重的人生。当他们走出南开以后，不会因为生活的艰辛而失去创造的灵感，不会因为大学的自由而变得松散怠惰，也不会因为前途的迷茫而失去心中的信念。他们知道一个理想的实现需要漫长的过程、静静的等待，一段芳华的润育需要破茧成蝶的生命周期。

父母养育孩子，不正是在等待、守护一朵花的盛开吗？不管他们是迎春而笑、凌寒而开，还是含苞待放，他们都是独一无二的孩子，我们唯一能做的就是慢慢地呵护、静静地等待。一部《傅雷家书》，不正是一位睿智的父亲最虔诚的漫长付出？请相信，没有多少孩子愿意自己的梦幻童年戛然而止，没有多少青年愿意自己的青春岁月稍纵即逝，他们用自己童稚、狂热的行为在述说着对美好岁月的爱恋，就像我们对过往岁月的眷恋一样。那么，我们是否也该像审视自己的生活一样去审视对孩子的教育呢？我们是否会在深沉的思索中看到生活中貌似无用的种种，却是孩子以后人生中宝贵的点点滴滴呢？

祝您的孩子在静好的岁月中自在成长！

春节将至，在此恭祝您及家人万事如意！

重庆南开中学学生处

2015 年 1 月 31 日

二、事例分析

这封信虽然是老师写给家长的，但更是教育工作者写给自己的。

教育是慢的艺术，要尊重孩子的个体差异。缓慢爬行是蜗牛的天性，如果爬得飞快就不是蜗牛了。每个孩子也都是独一无二的特殊个体。千人千面，一人一性。作为教师，我们要做的不是改变学生的个性，而是尊重学生，在他的个性上引导他发展、进步。面对全体孩子，我们不能忽略孩子的个体差异。每个人的成长过程都是由点滴错误、点滴成绩、点滴感悟，逐渐积累，从量变到质变的过程。

教育是慢的艺术，需要耐心地等待。大家都听过“揠苗助长”的故事，也都知道揠苗助长只能造成负面影响。这让我想到了印第安人的一句谚语：请别走太快，等一等灵魂；想到了那些像种子一样在地里的孩子，它们扭动身躯，找寻光明，怯生生地钻出嫩芽。但等待它们的是不停地催促：“快点儿，哎呀，快点儿呀！”不断催促造就的到底是童年还是“痛年”呢？孩子的学习、发展有快有慢，教育者要学会等待。无数事实证明，许多在少儿时期所谓“发展慢”的孩子，后来却成名成家。被教师下评语“反应迟钝”的孩子，可以成为“爱因斯坦”；被父亲抱怨的孩子，可以成为“罗丹”；被长辈认为资质平庸的孩子，可以成为“达尔文”。

教育是慢的艺术，给孩子和自己多一点儿时间和空间，也许，当我们放慢脚步，与他们一起领略欣赏沿途的风景时，我们会发现，在愉悦了身心的同时，也给孩子增添了一份希望。蜗牛的故事还没有结束，让我们继续听完这个故事。“咦？我闻到了花香，原来这边有个花园。我感到微风吹来，我听到了鸟声和虫鸣，我看到了满天的星斗，以前怎么没有这些体会？是我急着赶路，没有给孩子和自己多一点儿时间和空间吧？”

三、专业指导

让学生自由地成长，这种成长需要一种平和的心境、一种智慧的胸襟、一种独特的魅力，它就是从容和耐心。让我们放慢脚步，耐心陪伴孩子成长，让我们的教育多一点儿从容与耐心吧！

1. 要有博大的教育情怀

面对受教育者，教师身上的三种心态对他们来说有着致命的杀伤力：失去了方向还拼命地追——盲目；任窗外的风轻轻掠过——麻木；失去了才知道什么是珍贵——浑噩。教育者有其理性的一面，但教育说到底还是一种人文教育，无论哪门学科，其所具有的精神方面的意义，客观要求教育传承者必须有一种自由和独立的精神，在教学中应该有冷静的头脑、明确的方向、无私的爱和博大的教育情怀。只有这样，我们的教学在孩子眼里才会变成一场富有独特生机和活力的美妙旅程。

2. 要有一颗真诚的心

克鲁普斯卡娅说：“教师是太阳底下最光辉的职业。”作为教师，要以一颗真诚的心对待班里的每一位学生，而决不能居高临下。教师真诚地对待学生，学生也会真诚地接受教师，听从教师的教导。只有时刻恪守职业操守，我们才能少些功利和计较，多一份从容与执着。

3. 对学生要有耐心

耐心是一种涵养，它要求我们不急不躁，逐步提高；耐心是一种理解，它体现在对待学生要做到“诲人不倦”；耐心是一份关爱，它要我们满怀爱意，对学生进行指导、帮助、教育；耐心又是一份期盼，它要求我们就像撒下种子，等待成熟一样；耐心更是一种责任，有了耐心，才不会误人子弟；有了耐心，才会走进学生的心里。

4. 要有一颗平常心

《最好的教师》中，汤普生夫人的一个小小举动竟然成就了特德美好的人生，而汤普生夫人也从特德身上懂得了应该如何当教师。每一个孩子都有内心的柔软，每一个孩子都愿意履行对他人的承诺。而我们的期待就是给学生一个支点，如果我们能坚持不懈地给学生这样的支点，它就会渐渐变成一种力量，唤醒孩子沉睡在心底的智慧和优雅。来自心底的最诚挚的信任和期待，是学生成长过程中最优质的营养剂。教育是慢热的，所谓“十年树木，百年树人”，需要很久很久才能显现成效。无数的事实告诉我们：今日的“平常”，多年后会成就学生的“非凡”！

等待学生的成长和成功，就像等待一朵花的盛开，等待暗夜里庄稼拔节的声音。你一定会等到，只要你有等待的耐心。让我们都拥有一份责任感，多一点儿从容与耐心，静静地等待那些含苞的花儿绽放吧！

主题 6

蹲下身子，聆听学生心灵之声

“为了每一位学生的发展”，走进新课程，你会发现它比过去的教育教学更关注每一位学生的喜怒哀乐，更关注人的情绪和情感体验，更关注人的道德和人格养成，更关注学生的人格尊严。这就要求我们教师蹲下身子，聆听学生心灵的声音。

一、典型事例

事例 1

新课程实验区某小学任教美术学科的蓝老师在上“让我的飞机飞上蓝天”一课时出现了意外情况，他是这样写的：“虽然课前尝试了几种飞机的折法，但让我觉得尴尬的是，课堂上我试飞给孩子看的时候，却意外没有飞起来。这时好多学生说：‘蓝老师，我会折，我来帮你。’先后上来了 6 个孩子，他们每个人折飞机的方式都不同，但是都能飞上一段距离。于是，我就请同学们上来做‘小老师’，演示他们的折法。孩子们都显得很兴奋，听得认真，讲得带劲。“小老师”在帮助其他同学的时候一丝不苟。到操场放飞纸飞机的时候，每个孩子的飞机都飞上了蓝天。有个孩子跑到我跟前，认真地对我说：‘蓝老师，我来教你折一个更厉害的飞机。’多活泼的孩子！孩子们的飞机飞得又高又稳，而且种类繁多，很明显，这是孩子们合作学习的结果。这是我上课之前没有预料到的。”

事例 2

课堂上，林老师说：“树上有十只鸟，用枪打掉一只，还有几只？”

“九只！”

“不对，树上一只小鸟也没有，因为其他鸟听到枪声后吓飞了。”

“还有两只。有一只聋哑的小鸟听不到枪声仍在树上；还有一只没有长齐羽毛的小鸟被吓得钻进树洞里去了。”

“你这孩子，净说些不着边际的话，鸟怎么会有聋哑的呢！”

“一张四方桌子，锯掉一个角，还有几个角？”

“还有三个角！如果沿对角线锯就是三个角！”

“你这孩子别老是钻牛角尖，尽往歪处想，哪有这样锯的！”

若干年后，林老师的学生变成了当年的林老师，重复着预定的答案，扼杀着一个个鲜活生命的创造力……

二、事例分析

案例中的蓝老师将课堂教学的良好效果归结为学生合作学习的结果，但是我认为蓝老师是这种愉快、和谐的教学氛围的创设者，他能改变以往“师道尊严”的老观念，放下架子，民主平等地和学生一起交流，由传统教学中的主角转变为新课程所提倡的“平等中的首席”。蹲下来，把自己当成学习共同体的一员，与学生共同交流探讨，尊重学生的智慧和创造力，不唯权威，保护孩子们的创造力和热情。这样的平等互动，促进了学生的创造力，同时也促进了师生的和谐交流。对学生而言，这种民主平等的学习氛围意味着师生之间、生生之间可以敞开心扉，张扬自己的天性，释放自己的潜能。这样的课堂教学，不同于以往的“满堂灌”“一刀切”“一锅煮”，学生不是机械地听老师讲，麻木地跟着老师做，而是师生共同参与，相互补充、相互影响，从而达到师生的共识、共享和共进。

教师应该从原有的角色中走出来，真真实实地走进新课程，把学生当成与教师具有同样价值的人，走下教师的神坛，抛开教师“师道尊严”的架子，带着民主的耳朵走进课堂，与学生平等对话，蹲下来，倾听学生的智慧心声，聆听他们独特的见解，看到他们五彩缤纷的内心世界，真正成为新课程理念下学生学习的促进者、组织者和指导者。

“带着民主的耳朵，蹲下来，倾听孩子。”教师要更新观念、提高素质，特别是要注意自身的两个重要转变。

1. 自身行为角色的转变

自身行为角色的转变即由高高在上的传授者变为平等互助的促进者。教师在学生自主学习的过程中并不是旁观者，而是学生学习促进者、组织者和指导者。教师要积极地观察、认真地引导，善于捕捉学生思维中的灵感火花，抓住契机推波助澜，正本清源，激发学生的探究意识；作为促进者，教师要营造民主、平等、和谐的学习氛围，以最适合学生的方式，给学生以心理上的支持、鼓舞和鞭策，激发学生的深度学习，培养学生的高阶思维。

例如，上述案例中蓝老师在飞机飞不起来的情况下，能及时调整自身角色，把自己放在学习者的位置上，把课堂研究的主动权还给学生，自己则充当一个耐心、虚心的听众。正是这样的角色转变，激发了学生的创造欲，每个学生都想在蓝老师这个“大学生”面前表现一把。整个课堂没有因为达不到教师的预设而陷入绝境，相反，课堂气氛民主而活跃，这正是新课程的魅力所在。

2. 自身心理状态的转变

在师生关系上，新课标强调平等、尊重和赞赏。“为了每一位学生的发展”是新课程理念的核心。为了践行这一理念，教师必须及时调整自己的心理状态，努力做到师生平等，学会尊重与赞赏。尊重每一位学生做人的尊严和价值，尊重发育迟缓的学生，尊重学业成绩不良的学生，尊重被孤立和拒绝的学生，尊重有严重缺点的学生，尊重意见不一致的学生。尊重是一双有力的大手，可以托起学生的自信，发现学生的潜能。

教师不仅要尊重每一位学生，还要学会赞赏每一位学生。我们可以赞赏每一位学生的独特，赞扬他们独特的兴趣、爱好、专长；赞赏每一位学生所取得的哪怕是极其微小的成绩；赞赏每一位学生所付出的努力和表现出来的善意；赞赏每一位学生对教科书的质疑和对自己的超越。学生智慧的火花在教师的尊重与赞赏中迸发，这是激发学生创新意识的动力。没有赞赏的课堂是死板而没有生机的，它反对超越、追求唯一，它扼杀创新。

从林老师的教育悲哀中，我们不难看出，学生具有丰富的想象力，而善于想象是学生心理的显著特征。案例中的男孩子对树上还有几只鸟及桌子锯掉一个角后还有几个角的分析和推论，是他独特思维的体现，而林老师对答案一味地求同，无视学生发散思维的培养，扼杀了学生的创造性。

教师要有一双善于倾听的耳朵，在学生“迷路”的时候，不要急于告诉他方向，而是引导他辨明方向；当学生“登山”有所畏惧的时候，不要强拖着他走，而应唤起他内在的精神动力，鼓励他不断向上攀登；当学生发现“宝藏”的时候，不要简单地予以否定，而应真诚地肯定与赞赏……

让我们每个教师都带上一双民主而又善于倾听的耳朵走进课堂，为学生插上腾飞的翅膀；让我们的课堂因为有善于倾听的教师而更充满创造的魅力；让我们的课堂因为有敢于创新的学生而更加五彩斑斓。让我们蹲下身子，聆听孩子心灵的声音！

三、专业指导

教师必须转变角色，从在课堂上发号施令的至高无上的学术权威，转变为掌握多种倾听技巧的倾听者，平等地参与学生的研究性学习。教师要做学生学习的合作者、引导者，将教学过程变为师生交往、共同发展的互动过程。要想真正造就人人参与、平等对话、师生互教互学的“学习共同体”，教师必须重塑自身角色，“蹲下来”与学生平等交流。

1. 摒弃传统权威的观念，尊重学生的主体地位

传统社会中，由于人们获取知识的途径较少，教师是知识的重要占有者和传授者，是绝对的知识权威。长期以来，在很多人的头脑中，“师道尊严”的观念

根深蒂固。尤其在“打是亲、骂是爱”观念的诠释下，更强调教师的权威支配地位。在这种观念下，人们认为学生是受教育的对象，就应该完全按照教师的要求去做：教师教什么，学生就学什么，不容许有异议。教师的权威地位神圣不可侵犯，从而使师生关系不平等，甚至造成双方对立的状态。

现代学生发展观认为，教育的目的在于促进学生发展。教师是学生发展的主动参与者，学生的发展主要靠自身努力，同时与教师的唤醒、指导、帮助分不开。作为教学活动的参与者，教师和学生在人格上是平等的。教学过程不再是知识灌输的过程，而是师生间互动交流、沟通的过程。教师必须破除“师道尊严”“唯师为尊”的陈旧观念，尊重学生的主体地位，树立“以学生为本”“为学生服务”的教育理念，建立和谐、平等、民主、合作的师生关系。

2. 转变教师自身角色，师生平等共同发展

要使课程的生成成为有效的交往，教师就必须摆正自己的位置，认清自己的角色。现代教学观认为，教学是“教师教”与“学生学”的统一，这种统一的实质是交往。基于此，新课程把教学过程看成师生交往、积极互动、共同发展的过程，强调教学是师生双方相互交流、相互沟通、相互启发、相互理解、相互补充的过程。在这个过程中，教师与学生分享彼此的思考、经验和知识，交流彼此的情感、体验和观念。教师与学生共同丰富教学内容，求得新的发现，达成共识、共享、共进，实现教学相长和共同发展，形成真正的“学习共同体”。在这个共同体中，教学意味着人人参与，意味着它不仅是一种提高认识的活动过程，更是一种人与人之间的平等对话与精神交流。

3. 构建合作交流平台，营造民主和谐氛围

美国心理学家马斯洛认为，“满足人的爱和受尊重的需要，人就会感到自己有价值，有用处，有能力，从而焕发自尊、自强、自我实现的需要，也易于迸发出创造的灵感”。在教学中营造民主、宽松、和谐的氛围，使生生之间、师生之间真正达到平等互助，学生才会感到身心轻松愉悦，他们的思维才会始终保持积极活跃的状态，才会毫无顾虑地自由发问，互相研讨，形成平等的合作与交流。

教师要善于倾听，适时引导。在学生发表意见或以小组形式进行交流学习时，教师要做一个旁听者，认真倾听，给学生充分的发表见解、自主探究、交流学习的机会；对学生不够成熟的意见不刻意追求完美，而是适时加以引导，鼓励学生大胆表达自己的见解。

教师要摆正自己的位置，理解、尊重学生。求知是孩子的天性，乐于表现是孩子的需要，爱动是孩子的特点，犯错误是孩子的权利。教师要掌握学生的身心发展规律，予以正确对待，摆正各自位置，在课堂中与学生密切交流，让学生从中体验到平等、尊重、民主、理解、合作、信任、宽容，唯有如此，才能促使学生积极参与，主动学习探究。

教师要及时评价，随机鼓励。平等、和谐的师生关系，能使我们从欣赏的角度、以发展的眼光关注学生，尤其是关注学生的发展。由于年龄、心理、自尊心等方面的特点，部分学生对讨论问题、自由表述有畏惧心理，主要是惧怕教师的权威，惧怕自己的见解被教师否定而感觉难堪，或多或少会有压抑感、紧张感。新课标下的评价是一种激励、一种赏识，能够促进学生主动发展。教师要审时度势，及时给予学生恰当的鼓励性评价，建立彼此信任、彼此尊重的情感，这样，学习氛围才会更民主、宽松、愉悦、和谐。

新课标理念要求教师重塑自身形象，“蹲下来”与学生平等交流。巴尔扎克说：“喜欢倾听的民族是一个智慧的民族。”喜欢俯下身子去倾听的教师，是一个智慧的教师，一定会走进学生的内心深处。让我们蹲下身子，聆听孩子心灵的声音。此时，你放下来的，是师道尊严；而你架起来的，一定是与孩子们进行心灵沟通的桥梁！

专题三

懂学生，要科学全面地认识学生

科学全面地认识学生是教育的基础。要充分了解学生的认知状态、个性特点、学习方式、个性差异、兴趣、智能强项，让每个学生都成为最好的自己。

科学全面地认识学生是教育的基础。我们面前的每个学生，他们并不是一块块白板，他们已经积累了一定的知识、经验，达到了一定的认知状态，这需要我们充分了解。学生来自不同的家庭，有着不同的成长经历，个性特点也不尽相同，要根据学生的个性特点进行相应的教育。教师的教要通过学生的学达到教学的效果，我们要了解每个学生的学习方式和特点。心理学家布鲁姆提出了掌握学习理论，他认为每个学生掌握知识技能所需要的时间是存在差异的，只有尊重这种差异，才能让每个学生都获得发展。加德纳的多元智能理论告诉我们，每个学生的智能强项都不相同，要让每个学生成为最好的自己，就要发挥其各自的智能优势，让他们找到存在感、优越感。懂学生就要全面认识学生，多维度、多视角了解学生的差异，这样才能实现有效的教育教学。

主题 1

读懂学生的认知发展特点

科学全面地认识学生，要读懂学生的认知发展特点。认知就是学生接受信息、加工信息的过程，这个过程包括感觉、知觉、记忆、思维、想象等。瑞士著名儿童心理学家皮亚杰把儿童的认知发展过程分为 4 个阶段——感知运动阶段、前运算阶段、具体运算阶段、形式运算阶段。每个阶段有不同的特点，我们的教育教学要尊重学生的认知发展阶段特点，如果超越了学生认知发展的阶段进行教学，效果就会大打折扣。

一、典型事例

闫科老师根据学生的认知发展特点，把认知发展阶段理论运用到历史教学中，取得了良好的教学效果。下面以闫老师教授“甲午中日战争与瓜分中国狂潮”一课为例来进行介绍。

1. 理清历史线索，进行理解学习

在教授“甲午中日战争与瓜分中国狂潮三部分”一课时，闫老师根据皮亚杰认知发展阶段理论去帮助学生“理清历史线索，进行理解学习”。本课教材内容可以分为甲午中日战争、《马关条约》的签订、瓜分中国狂潮三部分。他引导学生梳理出本节课的大线索，那就是甲午中日战争爆发，然后中国战败，签订了《马关条约》，最后这场战争和《马关条约》的签订带来了种种影响，影响之一便是列强掀起了瓜分中国的狂潮。在教学中，闫老师让学生梳理出这一逻辑线索。学生通过掌握其中的逻辑关系，对这一段历史有了更为深刻的认知。由此可见，闫老师抓住了教学的关键。

2. 注重内外活动的交互作用

为了能够发挥内外活动的交互作用，闫老师首先从师生交往、增强刺激这方面入手。在开展“讨论甲午中日战争战败影响”这一活动的时候，闫老师一方面在活动进行期间“走入”学生中间，听取学生们的意见，与学生们进行互动交流，引导学生们进行发散思维；另一方面，活动结束后，他做了全面的总结，帮助学生抓住知识要点。在学习甲午中日战争这部分内容的时候，闫老师一方面为学生准备好有关的视频片段，通过视频与叙述的方式为学生提供相应的史实材料，培养课程核心素养；另一方面，给学生一定的时间用于自我消化，使学生的知识结构逐渐完善，这样更有利于培养学生深度学习的习惯和高阶思维，提高其对历史的认知水平。

3. 运用假设—演绎思维和系统思维

通过学习，学生知道了甲午中日战争爆发的导火索是“朝鲜的东学党起义”。随后，教师设计探究问题：如果没有东学党起义，甲午中日战争就不会爆发了吗？教师引导学生进行假设—演绎，分析此次战争爆发的根本原因，从根本上认识事物的本质。结合本课的课程标准以及具体内容，教师引导学生系统分析甲午中日战争带来的巨大影响，而这就需要运用到系统思维。首先“巨大影响”这个大系统分为“对中国的影响”“对日本的影响”“对其他列强的影响”这三个子系统。教师应该做到的就是对学生进行方向性的引导，引导学生较为全面地从这三个角度去思考这个“巨大影响”，而不是仅仅想到对中国的影响。

4. 根据学情打破静态平衡，创造动态平衡

教师结合课程标准、教材内容及学情，将学习内容大致划分为三个水平：最低水平，即基本完成课程标准要求，学生能够掌握课标要求掌握的基本史实；稍高一个层次的水平，即在掌握课标要求掌握的基本史实的前提下，学生能够举一反三、触类旁通，学会分析这些史实之间的内在联系；最高水平，即从系统和宏观的高度，将本课置于整个中国近代史中，认识其特点及地位。具体到每一个层次目标，既需要精准把握学情，也需要结合课标与教材，把握学业质量检测的要求，以此保障全体学生的最大化认知发展。①

二、事例分析

闫科老师根据学生的认知发展特点，根据皮亚杰认知发展阶段理论对教材进行了有效处理，恰当改进教学方式，取得了良好效果。根据皮亚杰认知发展理论，智力发展是认知失衡引起的有机体建立新的认知结构适应环境的结果。认知平衡是已有的认知模式与环境之间建立的一种平衡和谐关系。儿童的认知发展总是从平衡到不平衡再到平衡。皮亚杰把认知结构用图式来加以描述，而这里所谓的图式，就是儿童对一个事件基本要素和相互关系的抽象表征。皮亚杰提出，儿童有 3 种认知结构图式，即动作图式、符号图式、运算图式。根据图式发展变化，认知发展分为 4 个阶段，即感知运动阶段（0~2 岁）、前运算阶段（2~7 岁）、具体运算阶段（7~11 岁）、形式运算阶段（12 岁之后）。

心理学结构主义认为，要认识任何事物和现象，都必须从认识对象的结构开始，即从组成它的个别成分之间的关系去认识它。任何事物都存在于其所处系统的结构之中，因而，能够认识事物的结构就容易认识其本质。上述案例中的闫老师，根据皮亚杰认知发展阶段理论，帮助学生“理清历史线索，进行理解学习”。从实际效果来看，如此教学，学生对知识的理解更加深刻。

① 闫科．认知发展阶段理论在初中历史教学中的应用［J］．西部学刊，2020 年 2 月下半月刊（总第 109 期）．

在皮亚杰看来，儿童认知发展的实质就是适应，即儿童通过同化、顺应日益复杂的环境刺激而达到平衡的过程，并在不平衡与平衡这个循环之下，不断建构和发展自身认知结构。闫老师通过加强师生互动，促使学生的原有认知平衡发生变化。一方面，在师生交往过程中，学生受到强烈刺激才能打破原有的“认知平衡”，从而使认知得到进一步提高；另一方面，学生必须有一定的时间“消化”他所获得的新知识，使原有“图式”发生改变，从而提高认知水平。

假设—演绎思维是先对问题提出假设，然后对各个假设进行考察验证的过程。教师通过引导学生进行假设—演绎，从而找到甲午中日战争爆发的根本原因，让学生透过现象认识事物的本质。系统思维是指把思维对象看成系统并放在系统之中加以考察和理性把握的一种思维。结合课程标准要求以及具体内容，教师运用系统思维引导学生全面理解甲午中日战争带来的巨大影响，提高了学生的认知水平。

认知发展理论认为，由于遗传、社会生活条件、经验等方面的不同，人与人之间在发展速度快慢和达到某一阶段的早晚方面存在差异。因此，教师需要能够做好学情分析，因材施教，这样才能更好地发挥“打破平衡”的作用。结合本课课例，为了更好地让学生打破平衡、发展认知，教师依据学生的基础和现有学习水平将学生划分为几个层次，而每个层次的学生需要掌握的知识层次是不同的，从而最大限度地促进了全体学生的发展。这也体现了维果茨基“最近发展区”的理念，最大限度地保障了全体学生最大化的认知发展。

可见，读懂学生的认知发展特点，尊重学生的认知发展阶段属性，认识学生的认知结构并形成相应的规律，我们的教育教学才更具实效性。

三、专业指导

那么，在实际教学工作中，我们如何根据学生的认知发展特点开展教育教学呢?

1. 小学阶段侧重学生的思维可逆性训练

小学阶段是皮亚杰所说的具体运算阶段。这个阶段具有守恒性特点，即理解数量和物理的表象无关。小学阶段的儿童能主动且恰当地使用逻辑，能将逻辑运算用于解决具体问题。例如，小学阶段的儿童会运用认知和逻辑来回答问题，而不再只受到事物表象的影响。此时，小学生逐渐有了去中心化的能力，能考虑到问题的多个方面，而不再只是从单一方面考虑，不再以自我为中心。因为这种转换比较慢，所以不能操之过急，也不可能一蹴而就，所以我们要保持耐心。小学生在理解抽象事物的时候，还是会把具体事物作为工具来加以思考，我们不能期待他们完全进行抽象的思考。至于他们思维可逆性的具体表现，具体例子为：如果 5+4=9，那么，4+5=9。

2. 中学阶段侧重训练学生的抽象思维

根据学生的一般认知发展特点，大约到了初中阶段，学生就进入了形式运算阶段，可以不依赖具体事物进行抽象的思考，可以通过做实验和观察实验结果，系统化地检验自己对相应问题的理解。学生还可以根据抽象思维的结果思考具体情境，如研究影响钟摆摆动速度的因素是什么，小学阶段的儿童可能会考虑增加单摆的重量和单摆的绳长，这样笼统地研究不能控制变量，结果就难以得出恰当的结论。中学阶段的学生可能会尝试控制变量，改变其中一个因素来观察实验的变化，然后改变一个变量，这样系统地考查相关因素的影响，从而得出较为科学的实验结论。这是小学阶段的儿童难以达到的。

3. 做好不同阶段的衔接过渡

学生的认知是不断发展的，但是认识各发展阶段之间并不是绝对孤立的，而是互相联系的。对于一些抽象或脱离学生生活情境的问题，我们可以选择恰当的教学手段，如提供感性材料、运用图形表征、动手操作演练等，从而帮助学生完成从具体运算到抽象思维的过渡，引导学生把抽象问题转化为可以理解的情境或问题，从而帮助其实现思维的阶段性跨越。

学生的认知发展是个长期的过程，在教育教学中，我们不能随意跨越某个特定阶段，这就要求教师了解并顺应学生的认知发展特点，在尊重学生生理、心理发展基础的前提下有意识地给他们提供恰当的帮助。在不同的发展阶段，为学生提供不同的、恰当的教育，以促进认知发展，帮助学生克服其难以跨越的障碍，这样才能达到事半功倍的教育效果。

主题 2

把握学生的本质特征

学生具有哪些本质特征呢？学生具有一切人所具有的自然属性和社会属性。比如，学生具有丰富的情感，具有独特的个性、社会性和主观能动性；相对于成年人来讲，学生是有待发展的人，具有发展的可能性和必要性；相对于学校中的教师角色，学生是受教育者，他们需要在教师的指导下进行系统的学习，学习是学生的主要任务。以上这些都是学生本质特征的体现。

一、典型事例

学生是具有一定自然属性和社会属性的人。因此，在教育过程中，如果脱离学生的自然属性或社会属性，想当然地去处理问题，就有可能达不到预期的效果，所以需要充分考虑学生的特点，特别是学生的内在需求，从而进行合理的教育。下面我们来看两个班级惩戒的案例。

有位班主任反映，班里有个学生在午休时违犯宿舍纪律。于是，班主任让其在课间操时间清扫教室以示惩戒。结果，这位班主任发现，这个学生一周内仍然在宿舍内我行我素，违犯现象不但没有减少，反而还有所增加。当教师耐心跟这位学生交流时，学生吐露了心声。他说自己身体比较胖，所以宁愿打扫卫生，也不愿意跑操。而通过故意违纪，他就可以留在教室，不用跑操了。

无独有偶，还有一位班主任反映，一位学生因为在学校打架被班主任老师责令回家反省。没想到该生返校后对其他同学说，自己真想再回家反省，因为在家里有吃有喝，还有的玩；加之父母很忙顾不上自己，一个人在家相当自由。

从上述两个教育惩戒案例，我们不难发现，学生把惩戒当成了奖赏。教师所认为的惩戒，却让学生感觉是在享受，而那些需要戒除的违纪行为根本没有减少。所以，在教师眼里适当的惩戒，对学生来说却不见得就是最合适的。我们需要结合学生的身心发展需求和学生具体的个性特点选择惩戒方式。为什么很多教育惩戒效果差？就是因为教师忽略了对学生实际情况的分析。

二、事例分析

作为教师，我们需要把握学生的本质特征，否则有可能犯理念方面的错误，从而影响教育教学效果。学生是我们的教育对象，又是教育的主体，是教育活动的基本要素之一。把握学生的本质特征是教育实践的一项基础性工作，也是教育工作的出发点和归宿。只有真正把握好学生的本质特征，才能在教学理论和实践中真正做到以人为本，才能培养出符合人的本性和社会发展的现代化人才。

以上案例中，教师惩戒学生为何没有获得良好的效果呢？

教师以为学生在宿舍不遵守纪律，让他在跑操时间打扫教室卫生，以此作为一种惩罚。但对学生来说，跑操时间自己在教室里，可以自由自在地打扫卫生，也可以随意玩耍，很惬意、很享受；再者，教师没有规定打扫卫生的标准，所以对学生来说就没有什么压力；同时，这位学生由于自己身体比较胖，本就不愿意参加体育锻炼，但是教师不知道学生的这种内在需求，所以教师的这种惩罚实际上相当于给了他一个奖励。

学生打架后，教师让其回家反省，认为学生被剥夺了学习的权利，同时还要在家接受父母的教育，其日子应该不好过。但现实情况是，家长比较忙，学生在家期间无人管理，相当于给学生放了假，这让本来的惩戒变成了放纵和奖赏。

惩戒，是通过让学生接受其所厌恶的刺激使其戒除不良行为，而现在却成了奖赏，所以这种惩戒反而固化了学生的不良行为。

在教育工作中，我们不能把学生看成抽象的人。学生是具体的个体，都有自己的个性，都有自己的主观能动性，都有自己丰富的情感需求。如果忽视了学生个体的实际情况，盲目采取一些所谓的教育措施，往往难以达到预期效果。所以，我们要把握学生的本质特征，充分考虑学生丰富的个性特点，因材施教，这样才能获得良好的教育效果。

三、专业指导

那么，我们应该如何把握学生的本质特征，开展有效的教育呢？

专题三 懂学生，要科学全面地认识学生

1. 要根据学生的特点施教

教育难就难在对不同的学生不能采取完全一致的教育方法。因此，我们在教育学生之前，需要认真考虑几个问题：这是一个怎样的孩子？针对这种特点的孩子，该如何施教？如果实施这种教育方法，效果将如何？我们要尽量做到三思而后行，切不可莽撞行事。在教育某些孩子时，的确需要费些脑筋、动些心思。倘若不注意不同孩子的不同特点“一刀切”，常常会产生一些消极的后果，比如上述案例中的教育惩戒就变成了对违纪学生的奖赏。

2. 教育要注意追踪效果

我们很难完全了解一个学生的综合情况，所以要注意跟踪教育效果。教育的目的不是让学生受到伤害，而是要培养学生良好的行为或者戒除不良行为。我们要关注教育的效果，观察学生行为改变的情况。如果发现没有达到相应的教育效果，就要思考是不是忽视了学生的一些本质特征。要仔细分析我们的教育措施是否得当，是否需要改变或创新教育方式。针对不同的学生，教师要采取不同的教育方式；即使对同一个学生，在不同的场合下，教育方式也可能有所不同。

3. 教育的目的是让学生得到发展

教育的目的一定是促进学生的发展，当代教学专家魏书生为我们树立了很好的典范。例如，学生犯错误后，他一般不是直接批评、训斥、体罚或变相体罚，而是根据学生的个性，让学生写犯错说明书、写心理病历、唱一首歌、做一件好事、画一幅画等。这样的方式不仅有助于锻炼学生的写作能力、分析问题能力，还陶冶了学生的情操。这种发展性的教育方式，通过对学生进行积极的引导，避免了教育惩戒所带来的消极影响，调动了学生积极的情绪，鼓励他们做出更多的亲社会行为。

总之，教育是一门学问，需要我们把握学生的本质特征，研究学生的心理特点，遵循学生成长和发展的教育规律，遵守教育法规，慎重选择适合学生的教育方式，才能促进学生更好地发展。

主题 3

熟知学生的心理差异

心理差异是指人们的稳定的心理特点的差异，包括智力或认知、人格等方面的差异。俗话说：“人心不同，各如其面。”每个人都有与众不同的、独特的心理特点。例如，年龄相同的学生，有的聪明，有的则比较迟钝；有的善于记忆，有的则善于思考；有的性情开朗，有的心胸狭隘；有的情感较丰富、细腻，有的情感较冷淡、麻木；有的比较坚强，有的比较脆弱。在教育实践中，分析和了解学生的个别心理差异具有十分重要的意义。

一、典型事例

贵州省铜仁市松桃苗族自治县中等职业学校潘娟老师班里有位小杨同学。

小杨同学入校的时候特别排斥中职学校，语言很刻薄，甚至直白地告诉班主任说她就是来这里混日子的，得过且过，让老师别在自己身上浪费时间和心思。新的学期一开始，她的确懒散、自暴自弃，后来在潘老师的引导下逐步有了改变。2021 年，她参加了贵州省职业院校师生技能大赛中职组苗绣技艺个人赛，获得三等奖；后又被评为校级优秀播音员、优秀团员、优秀通讯员、省级三好学生，获得国家奖学金，还在贵州卫视-6 台的《贵州教育大讲堂》特别节目——教育发展之美中，登上荧屏，作为优秀学生代表发言，最终获得保送大学的资格。那么，潘老师是如何根据小杨的心理特点进行引导的呢?

人性本善，注重心理健康教育

潘老师身为班主任，她深入了解每一位叛逆学生背后的经历。“人之初，性本善”，潘老师相信一个十几岁的学生，本性不坏。

小杨刚入学的时候虽然像个刺猬一样，但是潘老师依然相信每一位学生都是好孩子。在小杨的眼中，潘老师看见的是善良的光。后来，潘老师经过多方调查，知道小杨是一个留守儿童，父母都在外打工，他常年缺乏父母的陪伴与关爱。她在中考失利后，曾外出打工；在那一年，善良的她被多年的闺密下了套，被忽悠去办理网贷，并用这笔贷款给闺密买了手机！后来她长期被网贷骚扰，威胁还钱，才意识到自己被骗了。闺密不但没有承认错误，竟然还翻脸不认人。那段时间，她精神压力非常大，恐惧、悔恨、无力感困扰着她，让她一度失眠，甚至有了轻生的念头。后来她的父母虽然帮她解决了网贷问题，但她心里的伤口一直没有愈合，就连来学校读书也是父母再三要求才来的，所以她反感老师、反感同学、讨厌学校。

了解到实际情况后，潘老师决定循序渐进，先和她进行一次次平等友好的谈话，然后提出请她做助理班主任，即潘老师不在时，她全权处理班级大小事务。潘老师刻意请她来办公室帮助自己做一些力所能及的事情，有时会找借口和她一起做事，比如整理班级所有学生的学籍照片，引导她用欣赏的眼光看待同学，有意无意地跟她分析每位同学的优点。在潘老师的影响之下，她慢慢减少了对同学、老师和学校的抵触情绪，在军训过程中帮助同学、帮助教官，还获得了第一张奖状——优秀标兵奖状。

在班主任的引导下，她走出了自己建立的牢笼，恢复了健康的心理状态，她开始和他人进行交流、互动，开始用欣赏的眼光去喜欢自己、看待他人。第一步算是迈开了，潘老师然后进一步引导她开始学习。

放下所谓“师道尊严”

潘老师认为，现在教师不能再拿以前那一套教书先生的打手戒尺来教育学生，要学会放下教师所谓的“威严”，站在一个孩子的角度和学生做朋友，唯有如此学生才会敞开心扉，喜欢和老师打交道，才会更加主动地去学习。

小杨担任班主任助理后，一旦班上同学不配合她，她就会生闷气，向潘老师提出不再做班主任助理的想法，潘老师当然没有同意。她有时会故意说自己头疼，要请病假。为了不刺激她，在她第一次请病假时潘老师批准了；在她第二次请病假时，潘老师买了一杯奶茶和感冒灵去寝室“看望”她，苦口婆心地让她相信，现在潘老师已经习惯有她的帮助，少了她这位得力助手，自己会多么辛苦，希望她再坚持一个学期。后来，潘老师默默地帮她解决了很多困难，还经常表扬她，帮她树立自信心。在潘老师的帮助下，她的性格明显变得开朗了。

挖掘优点，做“放大镜”

作为班主任兼苗绣教师，在一年级第一学期的教学中，潘老师就发现小杨学习能力非常强，只要稍微指导一下，她马上就能心领神会并做得很好，但是她性子比较急躁，刺绣本来就是手艺活儿，更应该精益求精，要有工匠精神。潘老师一直想让让她静下心来好好学习，绞尽脑汁帮她找到一个平衡点。第二学期开学之初，潘老师便同意她辞去助理班主任职务，而让她对潘老师的苗绣作品以及备课、上课等提出建议，让她有更多的精力去学习苗绣。在潘老师的谆谆教导之下，她下决心好好学习，越来越爱苗绣，决心为传承非物质文化遗产贡献力量。

一天，潘老师路过学校的一个杂物间，惊喜地发现她正在悄悄苦练刺绣！从那天起，潘老师注意到她每天都沉迷于刺绣之中。本来就有天赋，再加上这般努力，成绩进步飞快。潘老师努力做“放大镜”，多发现她身上的优点，多鼓励她，帮助她在刺绣领域取得一番成绩。潘老师特别鞭策她要坚持练习，也叮嘱她要劳逸结合。在潘老师的教导和她自己的刻苦努力之下，她终于获得了一个又一个奖项！

二、事例分析

在教育实践中，分析和了解学生的个别心理差异具有十分重要的意义。

因材施教就是以学生的个别心理差异为基础提出的一条教育原则。我国古代教育非常注重学生的个别差异，提倡因材施教。如孔子就很重视根据学生的性格进行教育，如著名的“闻斯行诸”（听到了正确的意见就该去做吗）问题，冉有求问这个问题时，孔子回答“行之”；而子路问时，孔子却回答说“有父兄在，如之何其闻斯行之”。在场的公西华问孔子，为什么同一个问题却有两种回答，孔子解释说：冉有胆小退缩，所以鼓励他马上行动；子路好勇过人，遇事莽撞，所以应当给他泼点儿冷水。

在学校教育中，智育方面的因材施教主要以学生的智力差异为依据；而德育方面的因材施教主要以学生的人格差异为依据。

面对一个排斥学校、排斥老师、排斥同学的刺儿头学生，潘老师凭借深入了解，根据学生的心理差异，因材施教，最终帮助学生取得了良好的发展。潘老师成功的原因是什么呢？

1. 相信学生本性是善良的

学生在学校的表现尽管不尽如人意，有时候有不求上进、价值观扭曲等表现，但是潘老师认为学生的本质是好的。在详细了解了小杨的过往经历之后，潘老师找到了小杨颓废的原因，然后让小杨担任班主任助理这一角色。这一角色可以跟班主任近距离接触，容易受到班主任的熏陶。小杨因为负责班级具体事务，培养了责任心；通过和同学的深入接触，打开了自己设定的牢笼，拥有了健康、阳光的心态。

2. 和学生建立良好关系

潘老师把小杨看成朋友，引导小杨敞开心扉。当小杨遇到挫折时，潘老师主动示好，表示老师离不开她，鼓励她继续支持老师的工作。潘老师的这些教育方式，都是基于对小杨心理差异而采取的针对性措施。

3. 挖掘、发挥学生的特长

小杨学刺绣比较快，潘老师就鼓励她好好学习，不再让她担任班主任助理，而让她专心学习刺绣。在潘老师的支持下，小杨在刺绣方面取得了优异成绩，这样，她更加有成就感，兴趣更加浓厚，在刺绣方面也更加坚持。

可见，教师要想科学全面地认识学生，就要熟知学生的心理差异，采取不同的教育方法和措施，这样才能更好地促进学生的发展。

三、专业指导

教师如何做到熟知学生的心理差异，并根据差异进行教育教学呢？

1. 要有根据心理差异施教的意识

现实中不少教师认识不到学生的心理差异，也不考虑根据学生心理差异进行有效的教育教学。具体表现就是，教师对学生采取简单、机械、生硬、教条的方法来教育学生，把自己曾经的经验当成屡试不爽的法宝。用曾经的做法对待现在的每一个学生，完全没有把学生当作有血有肉、具有独特个性的个体。可想而知，这种机械的教育教学方法只能造就没有个性的人，就犹如工厂里生产出来的统一规格的产品一样，而不是鲜活的，具有灵性的、个性迥异的人才。作为教师，我们要认识到学生之间的差异，并在工作中注意区别对待的。

2. 了解班级学生的心理差异

因材施教的前提是要学会识“材”。孔子根据每个学生的气质将他们分为四类，即“生而知之者，上也；学而知之者，次也；困而学之，又其次也；困而不学，民斯为下矣”（《论语·季氏》）。孔子针对学生不同的气质而采取不同的教育方法，这是因为孔子了解每个学生的特点。作为教师，我们要了解学生的心理差异。比如，在和学生相处的过程中，要了解其学习、生活、家庭、兴趣、爱好、气质、性格、特长、习惯、不足之处等。对那些学习能力强的学生，教师可在布置作业时设计难度大一些的作业；对学习差的学生，可另外开小灶，教师亲自帮助他们或者让其他同学给他们补课，鼓励这些学生勇于回答教师提出的问题和向教师提问，促使他们更加积极自主地学习；对那些调皮的学生，教师要注意多提醒、多提问、多督促；对懒于动手、动脑、动口的学生，要多与之互动，给他们布置特殊的作业；等等。教师要做到面向全体学生，而不能只顾学习优秀的学生，避免造成两极分化。总之，对于不同的学生，要根据其各自的特点采取不同的教育方法。

3. 根据差异采取针对性措施

每个学生都有不同的个性，也具有不同的潜能，教师要不拘一格，采取针对性措施帮助学生发展。每个学生都有自己的特长和爱好，要关注学生的特长，将学生的潜质开发出来。如一些学生在音乐、绘画、舞蹈、手工制作、航模制作等方面很有特长，我们就可以成立课外活动小组，安排专业教师或请校外人士对他们进行指导，使他们的特长得以发挥；又如有的孩子爱好集邮，那么就可以引导他们更多地学习和了解关于邮票的知识。针对学生的爱好或出现的问题，我们可以请专业教师或心理辅导教师对他们加以辅导。实践证明，只有采取特殊的做法，才能达到特殊的效果，实现共性和个性的有机统一。

主题 4

分析学生学习方式的特征

学习方式就是学生在学习过程中采用或者偏爱的方式。每个学生在完成学习任务过程中都会表现出具有个人特色的学习方式。比如，有的学生可能喜欢早上背诵，有的学生则喜欢晚上熬夜苦读；有的学生喜欢聆听，有的学生则喜欢自己去阅读，还有的学生喜欢自己动手操作；有的学生喜欢自己独立学习，有的学生则喜欢与他人讨论交流；等等。每个学生都有不同于其他学生的学习方式，这就需要我们善于分析学生学习方式的特征。

一、典型事例

20 世纪 40 年代，美国心理学家 H. A. 威特金对认知方式进行了研究，他通过系统的实验研究，把个体对认知方式的差异分为场依存性认识方式和场独立性认知方式。威特金等人认为，如果人的认知主要是以认识对象所处的客观场合为参照系，这样的人就属于场依存型；如果人的认知主要是以其本人所储存的信息为参照系，这样的人就属于场独立型。有关科学研究表明，学生在认知方式上的差异会对其学习产生影响。认知方式不同的学生，在相同的教学方式下进行学习或学习相同的内容时，其效果也会不同。认知方式相同的学生，在不同的教学方式下学习或学习不同类型的内容，其效果也会不同。即在教学方式、学习内容的性质和学生的认知方式之间存在适配性。

那么，在具体学科教学中，如何让教学方式和学生的认知方式做到适配呢？我们来看一看天津师范大学靳莹教授的教学研究案例以及对这一问题进行研究的实验结论。

1. 确立认知方式类型

靳莹教授等以天津市第一中学高三年级两个理科班共 86 名学生为课题研究

对象进行了实验。在所选定的两个平行班中，确立其中一个为实验班，按不同的课堂教学模式对其实施教学；另一个班为对照班，按常规模式进行教学。实验人员对学生关于镶嵌图形的认知方式进行测验，分别确定场依存型学生、场独立型学生、场中间型学生三类。

2. 研究得出指导性结论

靳莹教授等分别采取实验探究模式、问题解决模式、自学指导模式等不同的教学模式进行实验。实验结果表明，教学模式和学生的认知方式之间存在一定的适配性，主要表现在以下两个方面。

（1）不同的教学模式对同一认识方式的学生所带来的学习效果是不同的。实验探究模式、问题解决模式更适用于场独立型认知方式的学生。

（2）同一教学模式对不同认知方式的学生来说，其学习效果也会不同。自学指导模式更适用于场依存型学生。

研究结论告诉我们，学生的认知方式存在差异，不同的认知方式可能匹配不同的教学模式。因此，我们的教学要取得良好的效果，就必须考虑学生的个别差异，依据学生的不同特点和需要合理安排教学。学生认知方式的不同，为教学模式的合理选择、运用，以及如何进行因材施教，都提供了一定的心理学依据。

二、事例分析

学习方式差异有诸多方面，上述案例对场依存型和场独立学习方式的差异进行了实验研究。其他相关研究结论还告诉我们，场依存型学生比场独立型学生更希望教师采取灵活的教学方法，在课堂上展开讨论，并认为幽默的教师会帮助他们开展轻松的学习。例如，数学教师的解题方法对场依存型学生帮助很大，因此，他们希望数学教师能与其交流，指导他们的学习。

场独立型学生喜欢在课上发言，向老师提问题，更希望老师讲授更深的内容。如果教师在课堂上讲解某一种题型，他们则会积极地自主进行练习。可见，场独立型学生会主动学习，而场依存型学生更加依赖教师的讲解和指导。

场独立型学生更喜欢主动探究，因此他们更适合进行实验探究。有的教师喜欢在教学中使用导学案，这种有明确指导的教学方法，可能更适合场依存型学生。虽然，让每位教师在同一节课中采取多种教学方式是困难的，但是我们可以根据学生不同的认知方式特点，给他们安排合适的学习任务。比如，让场独立型学生去独立探讨解决问题，鼓励场依存型学生多与同学进行讨论交流。

既然学习方式特征的差异是多方面的，我们就需要研究学生不同的学习方式，尽可能给学生提供适合他们的学习方法，这样，我们的教育教学方法才能获得更加满意的效果。

三、专业指导

既然学生在学习方式方面存在差异，那么我们如何根据这些差异开展有效的教育教学呢？

1. 给场依存型学生更多的鼓励和关爱

场独立型学生更倾向于坚持不懈地解决问题，也能体会到战胜困难的喜悦。与场独立型学生相比较，场依存型学生常常缺乏克服困难的信心。因为缺乏信心，在讨论交流中，场依存型学生会表现得比较被动，这就需要教师鼓励其主动参与讨论，或者让场独立型学生主动与其合作。在平时的学习生活中，教师应该给予场依存型学生适当的鼓励和关爱。上课伊始，教师要引导场依存型学生针对课前任务进行展示及讨论，鼓励每个学生都完成自己的任务，并激励场依存型学生积极发言，使其克服在学习过程中过多依赖他人的弱点。

2. 根据生物钟合理安排学习时间

很多学生有“早起困难症”，早上总要努力一番才能起床，还可能整个上午精神状态都不好；有些学生却能很快起床，精神抖擞地迎接新的一天。为什么有这么大的差异呢？这是不同的生物钟导致的。生物钟又称生理钟，它是生物体内的一种无形的“时钟”，实际上是生物体生命活动的内在节律性，由生物体内的时间结构序所决定。我们的身体能量、精神状态、注意力集中程度、大脑活跃度，都会随着生物钟的变化而变化。如果我们能够引导学生理解并掌握自己的生物钟，让他们的学习和生活安排都能顺应一定的节奏和规律，那么他们的学习效率将得到大幅提升。同样一小时，学习效率可能高出 5~20 倍。

怎么通过生物钟提高学习效率呢？每个人的生物钟都不同，学生可以根据自己的实际情况进行调整。生物钟的一般规律如下：8：00~12：00 和 15：00~18：00 是两个学习区，注意力集中、思维敏捷，可以引导学生把学习和做题放在这两个学习区；6：00~8：00 和 20：00~21：00 是记忆区，这两个时间段是学生记忆力最旺盛的黄金时间段，这两个时间段，可以用来记忆英语、历史、地理等学科需要背诵的内容；13：00~14：00 和 23：00~5：00 是休息的时间段，中午 1 点尽量让学生睡个午觉或者做一次冥想；晚上 11 点上床睡觉，以保障次日全天精力充沛；其他时间段，可以处理相对不重要的事情。

3. 给视觉型、听觉型、动觉型三类学生不同的任务

视觉型学生更喜欢通过“看”展开学习。在教师上课时，他们的眼睛通常会盯着黑板，看老师的表情、老师的板书、老师使用的教具等。对视觉型学生来说，他们可能忽视老师说了什么，而把更多的注意力集中在老师写的内容上。他们会按照老师的板书，在书上或笔记本上做很多笔记和标记。如果可能的话，应尽量让视觉型的学生坐在教室靠前的位置；教师授课时尽量教内容“形象化”“图片化”，尽量把所教学内容用思维导图的方式加以总结，让学生复习、记忆，这样更符合这类学生的记忆规律。

听觉型学生通过“听”学得更好。他们喜欢通过听觉获取知识、加工信息，对听到的内容记忆深刻，通常能复述所听到的内容。这类学生在课堂上可能不会将注意力放在黑板上，甚至有的学生会闭着眼睛上课：他们不喜欢看教师的板书，更不喜欢记笔记。他们背诵课文时喜欢大声朗读，重复诵读，还喜欢说话，喜欢听歌，有时也会一边听音乐一边写作业。教学中，教师要让这类学生坐到可以听清楚的地方，采取真人或者音频讲故事的形式提供更多的知识输入，这样更有助于学生集中注意力。学习新知识时，教师也可以让学生大声朗读出来；鼓励他们把相关学习活动的音频或视频、他们朗读的课文或单词等录制下来反复听。

动觉型学生更倾向于通过触觉、感觉表象系统获取和加工信息，他们通过“做”学得更好。他们喜欢通过双手和整个身体运动进行学习，对于体育、科学、物理实验课、游戏、实践等这些倾向于动手操作的课程更感兴趣。他们也更喜欢自己动手整理笔记、在课本上做标记。这种类型的学生做事一般比较守信，一旦认真做某事，就会做出很好的成绩，往往有着很大的潜力。把相关活动和课程教学内容结合起来，对这类学生是非常有益的。在教育教学中，应多让这类学生参与一些涉及触摸、构建、移动或绘画的活动，如贴画、积木游戏或实验活动；在记单词、生字词时，可以一边记，一边用手指画单词或生字词来学习拼写。

学习方式的差异还有很多，以上仅就三个方面进行了阐述，作为教师，我们要关注最新的科学研究成果，发现学生学习方式的更多差异，并学会有效利用这些差异，采取恰当的教育教学方式，力求提高教育教学的质量。

主题 5

了解学生的兴趣倾向

美国内华达州麦迪逊中学的一次入学考试中有这么一道题目：比尔·盖茨的办公桌有 5 只带锁的抽屉，分别贴着财富、兴趣、幸福、荣誉、成功 5 个标签。盖茨总是只带一把钥匙，而把其他 4 把钥匙锁在抽屉里。请问盖茨带的是哪一把钥匙，其他 4 把钥匙锁在哪一只或哪几只抽屉里？

有位学生在回答这个题目时只得了 1 分。他的答案是，盖茨带的是财富抽屉的钥匙，其他钥匙都锁在这只抽屉里。后来，这位同学写信向比尔·盖茨请教答案。比尔·盖茨在回信中写了这么一句话：最感兴趣的事物上，隐藏着你人生的秘密。

兴趣是个性的重要内容，是一个人认识事物和从事某种活动的心理倾向，是一个人成长和发展的重要动力。教师要想懂学生，就需要了解学生的兴趣倾向，根据学生的兴趣进行个性化指导，这样更有利于学生的发展。

一、典型事例

我们来看一下湖北省黄冈市浠水县实验高级中学郭小红老师对一位高三学生进行兴趣倾向个性化指导的案例。

1. 了解学生基本情况，进行兴趣分析

张同学，女，18 周岁，长相甜美，为人热情，学习成绩中等偏上，与同学、老师关系融洽。她家属于一般城镇家庭。她的父母都是工薪阶层，为人忠诚善良，勤劳本分，家里有一个弟弟。

按照著名职业理论家霍兰德的职业兴趣量表测评，发现张同学有典型的社会型职业兴趣倾向。具体表现在：她为人热情大方，喜欢与人交往，喜欢结交新朋友，善于与人沟通，善于指导和帮助他人；关心班级、同学、学校和社会问题，渴望在班级工作和学校生活中发挥自己的作用，比较重视社会公共利益、社会公德、社会义务等。

2. 根据学生兴趣，明确未来职业目标

根据张同学的职业兴趣爱好、性格特征、家庭情况，郭老师进行了个性化的职业规划指导，让学生确定了职业发展计划和目标。

张同学未来的职业应在下列范围内选择：社会学学科者，社会科学教师，社会、社区工作者，街道工作者，社会公益工作者，社会咨询和心理咨询师，社会福利工作者，公共社会保健医生或者医务工作者，病人护理、老年护理等方面工作人员。通过与张同学反复进行沟通，经过分析、评价、比较，并征求家长的意见，郭老师认为上述工作能够较好地把张同学的职业发展与其个人兴趣、人格特征、人生追求等有机结合起来，更好地实现其人生价值。

3. 明确措施，实现职业规划目标

为了帮助张同学实现个人职业规划目标，郭老师与张同学一起努力，尽可能在学校期间培养其多项社会能力，帮助其储备更多的知识，积累更丰富的职业经验。

（1）进行学业指导。张同学就读的是物化政组合，分析几次月考、联考成绩，张同学属于一本临界生，即总体成绩不算特别突出，语文、英语和政治是她的优势学科，而数学、物理、化学有很大的提升空间。郭老师给她提出如下建议：优势学科不占用课外时间，作业当堂完成，知识当堂消化，自习时间全部用于数理化；除了现有资料，弱势学科再单独买一本书或一套试卷，加大训练量；

在不断地训练和归纳总结中寻找解题的规律和方法，做到熟能生巧；每次大型考试结束后，针对考试不理想的科目，主动和老师进行试卷分析，寻找得分点和提分点，对症下药，这样才能达到事半功倍的效果。张同学听从了老师的建议，成绩稳步提升。

（2）开展职业信息分析。师生一起分析当前职业生存和发展状况，使得张同学进一步认识到职业目标规划的重要性，进一步分析社会发展趋势和愿景，看到社会工作者的巨大职业发展潜力，增强其职业信心。

（3）进行个别化辅导。郭老师通过个别讲座、提供个别资料、进行个别谈话和个别指导等，指导学生参加类似的活动，使张同学在入职前就进行职业体验，在实践的基础上提高职业兴趣。

（4）追踪并及时评价学生的职业感受和体验。在实现职业目标的过程中，由于社会、学校、家长和职业活动等多种因素的影响，学生的职业信念可能会动摇，尤其是在遇到困难的情况下。因此，郭老师会及时跟踪指导，及时评价，坚定学生的职业信心。

二、事例分析

有关调查显示，不少学生并不了解自己的兴趣在哪里，因此在选择所学专业时比较盲目。某项研究调查结果表明，超过 5 成大学生认为目前自己所就读专业不理想，3 成学生对所学专业热情不高，仅有 3.4%的学生入学前了解所报专业。每年都有许多学生因不满意所考入的大学或专业而选择复读，甚至厌学。可见，了解学生的兴趣倾向，对学生进行恰当的职业规划和引导，十分必要。

兴趣是最好的老师，兴趣对一个学生的成长作用是巨大的。学生对其感兴趣的事情愿意投入更多的时间，因为兴趣是其学习的内部动力，能够让学生体验到愉悦的情绪。教师结合学生的兴趣进行职业规划引导，可以让学生体验到更大的成就感。

兴趣还有助于人们克服困难。著名生物学家法布尔对研究昆虫可谓是乐此不疲，但他在经济上遇到了很大的困难。为了坚持自己的研究，他努力做更多兼职工作来补贴家用。为了兴趣，他深居简出，不知疲倦，可见兴趣能激发人克服困难的无穷力量。

郭老师深刻认识到了兴趣对学生的作用，通过测评，她了解到张同学对社会型职业兴趣浓厚，于是对张同学进行了个性化的职业指导，让其明确职业发展规划和目标。郭老师还对张同学进行了学业指导，指导她补习薄弱学科，使她进一步明确自己的优势、潜能及发展机会，增强信心。在张同学职业信念受到冲击的时候，郭老师及时对其进行跟踪指导，及时评价，坚定其信心，最终促使张同学作出恰当的职业选择，获得了良好的发展。

现实中，不少学生缺乏科学的理想目标，缺乏对自我的了解。而郭老师基于科学的心理测评，和学生深入访谈交流，帮助学生找到了人生方向，对学生的职业发展起到了很好的导向作用，这一经验值得我们借鉴。

三、专业指导

懂学生，就要了解学生的兴趣爱好倾向，根据学生的兴趣进行适当的引导，发挥兴趣的内部动力作用。那么，作为教师，如何了解学生的兴趣爱好倾向，激发学生的兴趣呢?

1. 强化学习目标，激发学生学习热情

现实中，不少中小学生缺乏理想，学习劲头不足，因为他们没有良好的兴趣。针对这样的学生，我们需要引导其树立远大理想，帮助他们确立人生目标。比如，引导学生制定立明确的目标，激发他们为目标而奋斗的动力。有的学生学习时只有三分钟热度，遇到困难就退缩，浅尝辄止，难以形成良好的兴趣倾向。例如，有的学生开始的时候对学习舞蹈很感兴趣，但是练习舞蹈又感觉很累，于是半途而废，这也是常见现象。这时候，我们需要让学生产生一定的成就感，让他们感觉自己具备这方面的能力，这样更有利于他们坚持到底。有时候，学生拒绝尝试，这就需要教师引导他们尝试新鲜事物，在尝试中培养一定的兴趣。

2. 创新教学方式，激发学生学科学习兴趣

学生往往喜欢那些讲课生动活泼、教学方式灵活多样的教师，在这类教师的课堂上更容易碰撞出思维的火花，对这样的课堂教学兴趣盎然。如果教师讲课单调呆板，教学显得死气沉沉，学生就会兴趣索然。所以教师本身的教学方式对激发学生的学习兴趣具有关键作用。教师可以利用多媒体教学设备激发学生的学习

兴趣，比如开发一系列视频素材、动画素材、互动游戏等，这往往会让学生产生浓厚的兴趣。

3. 良好的师生关系是兴趣的催化剂

亲其师而信其道。学生喜欢某位教师，就会喜欢上这位教师的课。如何跟学生建立良好的师生关系呢？这需要我们加强师德修养，做让学生喜欢的教师，还要善于跟学生沟通，与学生建立民主平等的师生关系，让学生感受到教师的爱与尊重，在新型师生关系的基础上激发学生的学习兴趣。

4. 依据学生兴趣，引导科学的职业规划

我们可以通过科学的心理测量，引导学生进一步确认自己的兴趣，促进学生有意识地培养和发展某些方面的特长。比如，我们发现学生在某些方面的兴趣倾向，可以鼓励他们报一些有关的社团，在社团中进行兴趣的再培养。如果学生难以坚持，教师要及时对其进行跟踪鼓励，适当给予其更多展示的机会，使其产生适当的成就感，帮助学生更好地维持自己的兴趣。有些学生在其感兴趣的事情上投入时间过多，对不感兴趣的事情就弃之一边，这是不合理的。教师要对学生做好引导工作，及时提醒学生将对其未来发展有益的基础性工作做好做扎实。

主题 6

重视学生的智能强项

多元智能理论的智能观，突出“问题解决”在智能培养中的地位和作用，这与素质教育倡导培养学生创新精神和实践能力是一致的。多元智能理论可让我们根据学生不同的智能倾向，客观公正地给予其积极、肯定的评价，使在不同智能水平上各有所长的学生获得自我肯定与他人的尊重与认同。我们要重视学生的智能强项，突出学生的优势潜能，帮助学生做最好的自己。

一、典型事例

西晋著名文学家左思年幼时，父亲期望他成为一名书法家，但由于他对书法毫无兴趣，父亲感到失望。随后父亲让左思改学鼓琴，可学了很长时间，左思也弹不出一首像样的曲子，最终父亲的美好期望再度化为泡影。后来，父亲发现左思记忆力强，爱好读书，甚至过目不忘。于是，父亲根据他的这一特点，让他学习诗词歌赋。结果左思一举成名天下知，把当时的文学创作推向了一个新的高度。

无锡多元智慧教育中心的玛蒲儿老师根据多元智能理论，利用视觉空间智能，在帮助学生进行语言学习方面取得了重大突破。

所谓视觉空间智能，是指人们利用三维空间的方式进行思维的能力，通俗地说，就是指那种把外在空间的影像“具体化及立体化”的能力。一般空间智能高的人，都是善于掌握空间、形状、线条、色彩，还能创造或解释图形信息的人。建筑师、设计师、雕塑家、画家等都是空间智能比较高的人。

下面我们来看一看玛蒲儿老师是怎么做的。

在玛蒲儿老师任教的班级，有个从外地刚转来的小女孩儿，她的空间智能比较发达，平日能说会道，能唱会跳，她演起小兔小狗绘声绘色，她画的花花草草栩栩如生。平时同学们都很爱往她身边凑，因为她总能想办法把大家逗乐。按说这样的孩子应该是很有灵性的，但是开学之初，她的父母就对玛蒲儿老师说，这孩子从小基础差，语文、数学成绩都不好，学习上实在不聪明，还说她很讨厌和害怕上英语课。现在到了四年级，成绩只怕是越来越跟不上了。

玛蒲儿老师经过仔细观察发现，这个小女孩儿真像父母说的那样，总是上课与课后形成鲜明的对比。每节英语课，她都是静静地坐在座位上，好像老师讲的内容和她一点儿关系都没有。玛蒲儿老师曾多次鼓励她勇敢发言，但她总是羞涩地摇头；说多了，她就自卑地低下头，再也不敢抬头看玛蒲儿老师。

一天下午，玛蒲儿老师在批改学生的英语试卷时，发现这个小女孩儿 的试卷几乎是空白的。

玛蒲儿老师把她叫到办公室，告诉她试卷不难，大部分是单词，记单词是小学高年级学生的一项主要任务。

“你回家练单词了吗?”玛蒲儿老师问。

“练了。”她小声地说。

“真的练了吗？怎么还错这么多?”

“就是练不会。”她涨红了脸对玛蒲儿老师解释，随即又低下头。

认真练了还能练不会？玛蒲儿老师有些生气了，但看到她的表情，玛蒲儿老师又把火气压了压。

“你是怎么练的?”

“我一遍一遍地写，就是记不住，有时还把单词的意思搞混了。”

玛蒲儿老师打量着眼前的学生，没说话。在其他方面那么有天赋的一个学生，却在背英语单词方面有这么大的障碍，如果还是批评她，让她继续用她的方法死记硬背，她永远也不会对英语产生兴趣，自然是越学越差。

天天说让学生主动学习，却不知道学生连最基本的学习技能都没掌握！就让一切从现在开始吧！

死记硬背对这个小女孩儿来说，效果等于零，那么什么方法对她有效呢？玛蒲儿老师突然想到有一次看到她的知识积累本整理得特别漂亮，在搜集的资料旁边，还有配图，图文并茂、相得益彰，很有意思。玛蒲儿老师由此联想到自己以前了解的一个多元智能教学实例中那个用舞蹈表达文字意思的姑娘。

于是，玛蒲儿老师递给她一张纸片、一盒彩笔，她惊讶地看着玛蒲儿老师。

“你很会画画的，老师很爱看你的画，今天我们就用这些彩笔来记住这些表示颜色的英语单词，好不好?”

“行。”她明白了玛蒲儿老师的意思，一脸欣喜。

“你先用这些单词表示的颜色，画出你喜欢的画。”于是，长长的绿绸子、蓝色的衣服、白色的纸飞机、红色的苹果、黄色的梨、六种颜色的气球，寥寥几笔，生动的形象便在她的笔下诞生了。

“你画得太棒了，现在你一边画绿绸子，一边说‘green’。”用这个方法，这个单词她很快就掌握了。“用这种方法再来试试其他单词。”一会儿工夫，她说都记住了。

“现在咱们来考一考，别害怕，脑子里就想着你刚才画的那些东西。”在20分钟内，玛蒲儿老师帮她记住了以前一个小时都难以记住的10个单词。

"听说你的表演很棒，以后你还可以用表演的方法来记对话和课文。""今后，你能经常在脑子里画一些画，想一些你感兴趣的画面，以此来帮助自己学习。这可是你最拿手的。"玛蒲儿老师对小女孩儿及时加以鼓励。

二、事例分析

多元智能理论由哈佛大学心理学家加德纳教授提出，迄今已有近 40 年的历史，已经逐渐引起世界各国教育界的广泛关注，并成为许多西方国家教育改革的指导思想之一，也为我国新课程改革中学生评价体系的改革提供了一定的理论基础。

案例中，左思的父亲依据左思的潜能优势对其着力加以培养，助力左思成长成才。玛蒲儿老师利用学生的优势智能来辅助其进行语言学习。而语言相对来说是抽象的，但是结合空间绘画以后变得具体，让学生的记忆有所依托，从而达到了比较好的效果。以上案例告诉我们，可以依据学生个体较强的智能优势促进其其他稍弱智能的发展。这充分说明每个学生都是鲜活的个体，每个人都或多或少地拥有各项智能，只是达到的程度不同而已。作为教育工作者，我们应该为学生提供更好的学习途径，让他们更多地享受成功，帮他们找到最适合的学习方式，让他们的多方面潜能得到开发。

中国有句俗语——人各有所长。放眼四周，常常看到有人工于算计，有人精于言谈，有人长于舞蹈，有人擅长绘画，等等。哈佛大学加德纳博士指出，人有多种智能，如果给予适当的鼓励和教育，每个人都能使自己的各项智能达到相当高的水平。教师在教学中如能充分了解每个学生的智能潜质，依据多元智能理论有针对性地改进教学方法，就能真正立足于学生实际，做到因材施教。

三、专业指导

根据加德纳多元智能理论，每个学生都有自己相对的智能强项。作为教师，我们如何重视和利用学生的智能强项，来促进其更好地发展呢？

1. 革新教育教学观念，重视多元智能理论

长期以来，我国教育教学受传统观念影响，学校课程多围绕语言智能和数理

智能对学生进行培养，学校教育几乎等同于智育。多元智能理论为我们打开了一扇窗户，让我们看到，除了语言和数理智能之外，还有其他智能需要我们给予充分关注，使学生借助这些智能取得成功。比如，每个学生都有相对其他方面而言的优势智力领域，如有的人显露出过人的“音乐才能”，有的则表现出超常的“数学才能”，而每个个体在不同优势智力领域得以充分发展，才能使其特殊才能得到充分展示、个性得以充分体现，才能保证个体适应并立足于这个个性化的时代。

人的智力特点和表现是不平衡的，我们的教育教学应该充分尊重每个学生的优势智力领域，并努力挖掘每个学生的特殊才能。教师要学会欣赏、重视传统教育下所谓“学困生”的某一优势智力领域，欣赏与尊重每个学生，并由此培养学生的自尊心和自信心。

2. 积极进行促进学生智能发展的教学实践

在现实的教育教学中，我们常常会遇到一些在语言或者数理逻辑方面表现不佳的学生，在传统意义上，我们会把他们归入学习困难学生的行列。而根据加德纳的多元智能理论，这些学生都具备语言智能、音乐智能、数理逻辑智能、空间智能、身体运动智能、人际交往智能、自我认识智能以及自然探索智能这 8 项智能，只是每个人各项智能所达到的程度不同，存在着强项、弱项之分，这就使人们表现出不同的兴趣、特长。鉴于此，我们要尊重学生的智能差异，采取有利于学生发展的新型教育教学方式。比如，有的学生倾向于借助具体形象进行记忆和思考；有的学生偏爱运用概念进行分析、判断和推理；有的学生善于运用视觉通道读与看；有的学生则喜欢运用动觉通道动手做一做，或自己说一说；有的学生喜欢在音乐的陪伴下学习；等等。我们可以鼓励他们按照自己喜欢的方式来学习，充分利用自身优势智能。在教学实践中，我们要尝试根据学生的兴趣爱好开展探究性学习，发展学生各方面的智能，提高教学质量。

3. 开发培养智能优势的课程体系

多元智能理论所倡导的课程设计策略、目标制定、内容选择及教学和评价，与我国当前素质教育课程改革有着异曲同工之妙。在课程设计上，它们都很注重学生的主体性作用，倡导学生选择不同的课程。在内容上，借助多元智能理论，我们要注意到课程内容必然涉及不同领域的知识，各种知识的分配要有合适的比例。知识不仅表现在语言和逻辑领域，还表现在艺术、运动、自我反思和自然观察等领域。知识的体现方式要多样化，特别是图像、空间、旋律、动作等形式都要体现出来，借助多样化的呈现形式，提高学生的学习兴趣，还有助于学生从多角度认识和深化理解所学内容。对学生进行多元智能培养的课程切忌形式化，要为学生找到合适的切入点，从而真正能够促进学生多元智能的发展。

专题四

懂学生，要剖析与引导学生

教师要注重育人的方式方法，不能只是简单地进行说教。教师要引导学生树立远大理想，培养学习兴趣，学会自我管理，培养抗挫折能力，挖掘学习资源，合理使用网络，学会绿色上网。

教师不但要教书还要育人，育人要注重方式方法，不能只是简单地进行说教，更不能采取压制的方式。大禹治水的故事我们耳熟能详，让我们印象深刻的是禹的父亲对于凶猛的洪水采取“堵”的方式，刚开始时好像有点儿效果，但最终失败了。禹吸取了父亲的教训，采取疏导的方式，最终取得了成功。育人的方法跟大禹治水有些类似，不能总是采取堵的方法。教师要懂得引导之法，即要引导学生树立远大理想，激发其学习外动力；引导学生培养学习兴趣，激发其学习内驱力；培养学生的自主学习能力，使其学会自我管理；引导学生培养抗挫折能力，使其积极迎接生活的挑战；引导学生挖掘学习资源，提升学习能力；引导学生学会绿色上网，拒绝网络诱惑。

主题 1

树立远大理想，激发学习外动力

理想信念是人们对有可能实现的未来远景的向往和追求，它包括对社会发展期望的共同理想、个人的生活理想、职业理想等。科学的、符合社会发展规律的人生理想，是学生成长的精神支柱，能够使他们产生改变现实、推动社会进步的精神动力和勇气，反之则会导致他们精神颓废和空虚。

一、典型事例

缺乏教育引导，犯错不断

2010 年上半学期刚开学，张老师发现小齐同学有很多小毛病，比如，上课经常迟到，上课的时候溜号，在课堂上打闹、打瞌睡，作业不能按时完成，等等。刚一开始，张老师用一种非常严厉的态度批评小齐同学这样做是不对的。但是一转身的工夫，他就故技重演。后来一段时间，经过课上观察和课后深入家访，张老师发现小齐同学家庭条件很好。但是，父母因为忙于工作，对他的生活和学习逐渐无暇顾及，根本不能随时发现孩子心理上的变化，特别是小齐正处于青春期，于是他逐渐养成了自由、散漫的性格，缺乏纪律性，在和同学交往过程中心理非常敏感，学习不刻苦，对老师的警告漠然置之……张老师分析，小齐缺少的是来自学校和家庭的鼓励，需要用爱去温暖他冷漠的心，让他得到心灵上的慰藉。

谈心，确立理想，因势利导

于是，张老师找小齐谈话："你是一个好孩子，只是学习上遇到了暂时的困难。你虽然有缺点，但是也有很多优点。今天我们不讨论你的缺点，一起找一找你身上众多的优点吧。给你足够的思考时间，明天我们一起来分享一下。"

第二天，小齐找到张老师，小心翼翼地说："我喜欢火箭、喜欢军事；我身体素质很好，我以后想当军事家。我还乐于助人。"张老师对他说："当军人是很光荣的事情，我们的人民解放军保家卫国，值得敬佩，你有这样的理想说明你富有责任心。你的理想很远大，现代军人同样需要有良好的科学文化素质，需要有很强的知识与能力，而国际化的军事人才更需要有良好的成绩做基础。老师看好你。插上理想的翅膀，我相信你一定会飞得更高。"

听了张老师的话，小齐脸上露出了开心的微笑，不好意思地挠着头。

张老师和小齐的父母积极沟通，引导家长不要打骂孩子，而要平心静气地和孩子进行交流。如果没有时间，可以委托教师与孩子沟通。在进行家庭教育指导的同时，张老师经常找小齐聊天，逐渐打开他的心结，每当他有进步时及时给予其表扬。

张老师的关爱使小齐迟到的次数明显减少，小齐上课不再违反纪律，学习成绩也明显提高了；见到老师能主动问好，还主动帮助老师搞清洁卫生。后来，张老师和小齐约法三章，详细约定了一些行为规则，小齐高兴地答应了。渐渐地，他变得越来越优秀，学期末被评为进步之星。

二、事例分析

我们发现这样一种现象：一片土地总是杂草丛生，无论我们多么努力地拔除杂草，杂草还是不断生出来。可是，当我们在这片土地上种上庄稼，杂草就被压制住了。学生内心也有一片天地，或许有些学生经常做出违纪行为，可是当我们在这些学生内心种植了理想，他们的发展就有了方向。教师要引导学生树立远大理想，激发其学习外动力。

周恩来总理在少年时代就立下“为中华之崛起而读书”的远大理想，最终成就了他功勋卓著的一生。使学生树立远大的人生理想，是教师开展德育教育工作的重要内容，也是开展教育教学的前提和基础，可以说，理想教育间接影响着国家和民族的未来，崇高的理想信念对学生的健康成长和他们未来的学习生活具有极其重要的正向引领作用，意义深远。

以上案例中，张老师对小齐的教育引导是有效的。很多学生只是缺少积极的引导，相信在教师的正确引导下，爱可以温暖一切。

张老师为何能够取得不错的教育引导效果呢？他的做法中，以下 4 点非常值得借鉴。

1. 给予学生充分的尊重和理解

尊重和理解学生，就是要尊重他们的想法和思维方式，悉心保护学生的自尊心。张老师在充分了解了学生的成长背景后，更加体会到原生家庭在学生成长中的重要影响，在这种家庭中成长起来的学生，往往比其他学生有更强烈的自尊心，他们对待老师和同学的评价更加敏感，更渴望得到别人的认可，又特别害怕老师、同学的指责。青春期的孩子，有很强烈的逆反心理，因为他们已经有了强烈的自我意识，容易和老师对着干，这就更需要平等地对待每一位学生，而不能把学生分出三六九等；要尊重学生的个体差异，理解不同孩子的思维方式；我们要换位思考，多站在他们的角度考虑问题。对每个孩子不放手、不放弃，这包括学习方面的指导、心理方面的沟通、人格方面的完善。

2. 给予学生心灵的关爱和滋养

学生某些方面的转化不是一蹴而就的，经常会反反复复，一阵子好了，可能过一阵子又“变回原形”，这就需要我们付出真诚的爱心、细心、耐心、关心。特别是有的家庭，父母平时工作繁忙，根本无暇顾及孩子的心理健康问题，亲子双方缺乏交流沟通，孩子缺少家庭爱的滋养。这时候，教师要承担起学生家庭中父母的责任和角色，给予学生足够的包容和关爱。

3. 给予学生远大的理想教育

教师再多的关爱，对于学生也只是一种辅助。要想让学生真正走向自立自强，就需要引导学生明确人生理想。教师不仅要帮助学生提高文化素养，更要在学生世界观、人生观、价值观形成的关键时期，帮助他们树立远大的人生理想，扣好人生的第一粒扣子。上述案例中，张老师及时捕捉到了小齐的想法，并耐心加以强化，因势利导，这实际上就是通过理想信念教育，为孩子插上理想的翅膀，为其后续的转化奠定良好的基础。

4. 给予家长家庭教育方面的指导

家长可能顾不上孩子，但是家长的教育理念需要我们给予引领。以上案例中，张老师和小齐的父母积极沟通，进行了很有效的家庭教育指导。

三、专业指导

国家历来重视理想信念教育。2017 年，教育部颁布《中小学德育工作指南》，将理想信念教育列为德育内容之首。同年 10 月，党的十九大报告强调，要加强思想道德建设，广泛开展理想信念教育，培养学生具备社会主义核心价值观。2018 年 9 月，全国教育大会再次强调，要在坚定理想信念上下功夫，引导学生树立共产主义远大理想和中国特色社会主义共同理想。理想教育的目的，就是引导学生树立积极的奋斗目标，充实学生的社会生活和个人生活。那么，在教育教学中，我们如何引导学生树立远大理想、激发学生的成长外动力呢？

1. 开展理想信念教育，使学生树立远大理想

对学生开展理想信念教育，要从发展学生的兴趣入手。教师可以通过开展丰富多样的活动，寓理想信念教育于各项活动之中，激发学生的兴趣，培养学生的理想信念。在进行理想信念教育的同时，学校要发挥教师的引导作用，结合学校和社会实际，结合社会主义核心价值观教育，开展理想信念教育主题班会等，利用各种宣传阵地，如板报、橱窗、宣传板等进行教育，鼓励学生树立远大的人生理想。

2. 借助榜样的力量，使学生树立理想信念

榜样的力量是无穷的。采用榜样教育法，要形象具体，要注意个性差异。比如，引导学生以某个英雄模范人物或生活中所崇敬的人、或教材中的某一人物为自己的榜样。又如，可引导学生结合自己的兴趣爱好和特长树立理想。对于爱好唱歌跳舞的学生，可以让其以自己喜欢的歌唱家、舞蹈家等为榜样；对于爱好数理化的学生，可以鼓励他们将当一名工程师、科学家作为自己的理想。

3. 进行规范教育，使学生树立正确理想

道德规范是学生未来实现理想的重要保障，我们要强化对学生的规范教育。首先，要让学生注重自身的道德规范养成教育。学校要认真贯彻《中小学生守则》和《中小学生日常行为规范》，并据其制定相应的规章制度，使学生的言行都能受到一定的道德规范的约束，逐步养成良好的习惯。其次，要进行荣辱观教育。学校可以组织专题报告会，对学生进行“五史”教育，激发学生对党和人民的自豪感、荣誉感和责任感，做到爱党、爱国、爱人民，树立全心全意为人民服务的理想，把满足人民的需要作为自己的理想。

4. 引导激励实践，让理想照进现实

我们要教育引导学生深刻了解美好的理想信念转化为现实需要经过努力奋斗，不努力、不奋斗，理想信念永远只是毫无意义的空想；要鼓励学生脚踏实地，从现在做起，从小事做起，让他们明白实现明天的理想要与今天的学习、锻炼结合起来；要教育学生懂得“不积跬步，无以至千里”“一屋不扫，何以扫天下”的道理，懂得不肯做小事，就难以成就大事业的社会现实；还要教育学生，理想的实现不可能一帆风顺，在实况理想之路上一定会遇到各种各样的困难和挫折，所以，唯有拥有坚韧不拔的精神、顽强的毅力，才会冲破艰难险阻，到达理想的彼岸。

5. 唯有努力奋斗，理想才能变成现实

理想教育要在不同阶段针对不同对象的实际出发，选择不同内容、不同方式进行。要让学生感悟到，理想不是虚无缥缈的，而是经过努力奋斗能够实现的，从而坚定追求理想的信念与决心。对学生进行理想教育，要从小开始，从具体问题开始，把远大理想与现实条件结合起来，重点对学生进行社会主义共同理想教育，培养学生具备正确的学习观，鼓励他们立志成才，引导他们树立积极向上的人生观，激发其实践创新的兴趣，使其焕发努力奋斗的热情，拥有积极的生活态度、生活方式，使之成为学生实现自身理想的强大外动力。

主题 2

培养学习兴趣，激发学习内驱力

学习兴趣是一种积极探究、认识事物的倾向。兴趣是学生学习的内驱力，是其学好功课的重要前提。教师要激发学生的学习兴趣，就要精心设计教学方案，采用各种教学方法，优化教学过程，让学生主动参与到教学活动中，培养其学习兴趣，激发其学习内驱力，让学生在轻松愉快的气氛中获得知识。

一、典型事例

在语文教学中，著名特级教师魏书生老师常常采取如下方法激发学生的学习兴趣。

1. 精心设计导入环节，激发学生的学习兴趣

例如，学习苏轼的《念奴娇·赤壁怀古》时，魏老师先播放《三国演义》的片头曲《滚滚长江东逝水》，创设一种生动感人的教学情境，使学生为之所动，为之所感，产生共鸣，将学生带入新的教学境界。通过“境”表现“情”，再通过“情”深化“境”，使学生在特定的氛围中受到感染，自然而然地进入作品的意境。

又如，学习朱自清的《荷塘月色》，魏老师采用以旧带新法和直观演示法，把初中学过的朱自清的《春》与《背影》联系起来，再用多媒体演示“荷塘月色”的优美画面，通过复习旧知识，巧妙地引入新课的学习内容。这种导入，既

复习巩固了旧知识，又为新知识的学习奠基铺路，起到承上启下的作用；通过新旧知识的联系，使学生头脑中形成系统、完整的知识体系。魏老师运用直观演示把教学主要内容形象生动地展示出来，引起学生的注意和思考。他为学生理解新知识提供了感性材料，为学生架起了从形象思维到抽象思维的桥梁。这种以旧带新法与直观演示法，可以激发学生极大的学习兴趣。

2. 发掘教材的意蕴魅力，激发学生的学习兴趣

例如，学习鲁迅的小说《祥林嫂》这一课，对于祥林嫂的死，有人说，祥林嫂是封建社会的牺牲品；有人说，祥林嫂是被鲁四老爷之流逼死的；也有人说，祥林嫂是被柳妈这一类人害死的。那么，造成祥林嫂人生悲剧的原因究竟是什么？魏老师注重发掘课文深含的意蕴，又精心地创设情境，引导学生发挥自己的想象，激发学生浓厚兴趣，因而提高了教学实效。

3. 用富于情感的语言激发学生的学习兴趣

例如，学习郁达夫的《故都的秋》一文时，魏老师饱含深情地朗读了几个片段，学生们被他的情绪所感染，很快投入学习，很好地掌握了课文的重点。

一般情况下，学生总认为文言文枯燥乏味且难学，尽是“之乎者也”，还要背诵，因而一提到文言文学习，他们便“怕”字当头。针对这一问题，魏老师注重用语言激发学生的学习兴趣。如学习苏洵的《六国论》，魏老师先把六国灭亡的前前后后用生动的语言进行了分析，并用富于情感的语言组织教学，激发了学生的兴趣，提高了课堂教学效率。

4. 鼓励学生积极表达，激发学生的学习兴趣

魏老师所教的学生大部分来自农村，他们思想脆弱、怕羞胆小，在课堂上不善于发言，缺乏自信心。因此，要让这些学生自觉地“说”，不采取一定的手段就难以达到预期的目的。魏老师硬性规定每个学生都要到讲台上进行1~5分钟的发言。最初，魏老师允许学生提前一天做准备，第二天开始演讲，从复述故事开始，直到学生扫除心理障碍。之后便加大难度，提高要求，当堂出题，由学生即兴表达观点、看法。久而久之，学生由当初被逼着走上讲台到后来争着、盼着、自觉地、坦然地走上讲台，这是多大的进步啊！正如魏老师所说：“学生一旦养成这种良好的习惯，就像冲破重重阻力进入空间轨道的飞行器，基本可以靠惯性自行运转了。”①

二、事例分析

课堂是学生学习的主阵地，课堂上激发学生的学习兴趣，可以明显提高其学习效率。兴趣源于学生内在的需要，兴趣越高，学生对客观事物的需要就越强烈，学生学习就会越投入，收获也就越大。

兴趣有很强的指向性，教学导入环节设计得好，就能吸引学生，激发学生的学习兴趣。

首先，魏书生老师在课堂导入环节就注意抓住学生的注意力，把学生学习的胃口吊得老高，为后续学习打下基础。开课时，魏老师根据学情以及课文内容，或讲一个笑话，或讲一个故事，或提一个问题，或设计一个悬念，或讲一则奇闻轶事，或展示一幅画面，或进行一个演示……总之，力求抓住学生的心理，吸引学生的注意力，激发学生学习兴趣和求知欲。正如于漪老师所说：“教师是学生心灵的耕耘者，教课就要教到学生的心上。”通过精心设计导入环节，采用恰当的方法拨动学生心弦，定能激发学生的求知欲。

其次，魏老师充分挖掘教材本身的魅力，激发学生的探究精神。教师长期激发学生兴趣的最好方法，就是认真钻研教材，发掘教材中深含的意蕴魅力。

再次，魏老师借助语言表达艺术，用生动的语言感染学生，激发学生的情感，让学生产生强烈的兴趣。这是语文学科独具的魅力，语言可以产生美，学生对欣赏美自然兴趣浓厚。教师要注意修炼语言表达艺术，生动、形象、富于情感的语言，往往能感染学生，给学生以强大的吸引力，激发学生的求知欲和学习兴趣。

最后，魏老师还通过培养学生的表达能力，激发学生的学习兴趣。说话是人类交流思想、表达情感、传递信息的一种方式。在市场经济条件下，“说”显得尤为重要。学生终究要走向社会，以学得的本领为社会服务，因此，学生不但要

---

① 魏书生：激发孩子学习兴趣的方法途径，搜狐网，https：//m. sohu. com/a/668353881_ 100934? _ trans_ =010004_ pcwzy.

通过阅读来认识社会，而且要运用语言反映社会，表达自己对种种问题的看法。魏书生老师在这方面的做法也是值得我们借鉴的。

三、专业指导

兴趣是学生学习的内在动力，那么，教师应如何培养学生的学习兴趣，激发其学习内驱力呢?

1. 和学生建立良好的师生关系

亲其师才能信其道，这也是一些学生出现偏科现象的原因所在。教师要注意自己的一言一行，提高自身综合素养，尊重学生，爱护学生，赢得学生的信赖。

2. 采取丰富多彩的教学形式

“灌输式”课堂教学忽视了学生的主动性，扼杀了学生的创造力，不是学生所喜欢的。教师可以采用丰富多彩的教学形式，激发学生的求知欲，培养学生的自主思考能力。比如，我们使用多媒体教学，可以做到声情并茂、直观形象；或者把游戏、情景剧等融入课堂，激发学生兴趣；或者采取小组合作的形式，发挥学生的主观能动性。

3. 让学生在课堂上获得成就感

不少学生迷恋网络游戏，其主要原因就是学生在游戏中能够找到自身价值，能够体验到一定的成就感。针对不同层次的学生，在问题设计上要有一定梯度，让学习上存在困难的学生也体验到成功的喜悦，这样才能保持所有学生对学习的兴趣。在课堂教学中，教师要尽量使用肯定性、激励性评价，可以是一个眼神，可以是一个微笑，也可以是一句知心的话语，要多给学生以积极的鼓励。

4. 学以致用，密切联系生活

每一门学科都来自生活，也都为生活服务。所以，教师在教学中要注意利用生活中鲜活的素材，联系现实，学以致用，引导学生做到理论与实践有机统一。

主题 3

培养自主能力，学会自我管理

学生的自主能力表现在自我教育、自主学习、自我服务、自主交往等方面。学生的自主能力水平越高，就越能够获得充分的发展。自主能力是学生可持续发展的重要条件。学生遇到问题，如果能够进行自我教育，就不至于迷失方向、误入歧途。如果学生能够自主学习，就不用父母或者教师催促，他们会自己主动制订计划，努力实现人生目标。

一、典型事例

魏书生老师在班级管理中特别注重培养学生的自主能力，他采取“人人参与班级管理，人人接受管理”的策略，提升学生的自主管理能力，取得了良好的班级管理效果。下面我们一起来看看魏老师在这方面的具体做法。

1. 选好常务班长

为了实现班级管理自动化，魏书生老师特别重视常务班长的选拔。常务班长就是班级的一位小班主任。班级从纪律、卫生，到出勤、学习、体育、劳动、集体比赛、社会服务，都由常务班长负责。魏老师在选拔常务班长时重点考虑那些具有“孩子王”特点的学生，然后从中选拔心地善良、心胸开阔、乐于助人的，最后再挑选出头脑聪明、思维敏捷的做常务班长。所以，常务班长一般具有三个特点：有组织能力；心地善良、胸怀开阔；头脑聪明、思维敏捷。如果一时拿不准谁适合当常务班长，那就可以让几个人轮流当值，大浪淘沙，慢慢就会有适合的常务班长人选。

2. 设立值周班长

为了强化班级管理，魏老师还设立了值周班长。有意担任值周班长的学生可以自由报名，然后由魏老师确定。值周班长一般由班内责任心强、头脑聪明、思维活跃、勇于大胆开展工作、组织能力较强的同学担任。每学期每班挑选 10 名学生轮流担任。值周班长向常务班长负责，可以指挥值日班长。设立值周班长的目的在于减轻常务班长的负担，也使组织能力强的学生获得进一步锻炼的机会。值周班长要根据上周班级管理状况，围绕一个中心问题，组织开展本周的活动，并对本周值日班长进行指导，克服上周班级管理的薄弱环节，提高本周班级管理水平。

3. 设立值日班长

常务班长工作多、负担重，其集班级大小权力及事务于一身，既影响班级工作效率，也耽误常务班长自身学习。于是魏老师又尝试设立值日班长，这给每个学生都提供了施展才能的机会。值日班长按学号轮流担任，每个人都有机会当值，轮到谁，谁就在那一天内从早到晚全面负责班级工作。经过班级民主讨论，制定了值日班长 10 条职责，具体包括考勤、纪律、卫生、体育等全方位的工作内容。值日班长的设立，减轻了常务班长的负担，调动了全班同学的积极性，为每个人都提供了一次“当官”的机会；使同学之间、干群之间加深了了解，密切了同学关系。班干部不再觉得自己总是处于管理者的地位，普通学生也不再认为自己总是处于被管理者的地位。

除以上“官职”外，魏老师还在班级中设立了养鱼负责人——鱼长、养花负责人——花长、炉子看护人——炉长、桌罩负责人——桌罩长，等等。

二、事例分析

案例中，为了实现班级管理自动化，魏老师的工作重点是先培养一批热心班级工作的班干部。班委会委员、团支部委员、值周班长，这些干部职位中最关键的是常务班长。常务班长把班级的所有事务都统一管理起来，魏书生老师强调班干部要主动、独立、创造性地开展工作。他严格要求干部：第一，事情来了，要比别人先干、快干、多干；第二，如果团员、干部和群众同时犯错误，团员、干部要加倍处罚，这要求干部有更强的自我教育能力。在班级其他一些事情上，魏书生老师让每个学生都分担一些职责。在魏老师的班级里，人人都是管理者，人人也都是被管理者，这大大提高了学生自主管理的自觉性，培养了学生的自主管理能力。

魏老师的班级管理艺术令人叹为观止，他把班主任工作做得如鱼得水。他敢于放手，让学生自己做主。学生的自主意识得到培养，自主管理得以实现，班级事务人人有责。引导学生制定严格的班规：班级的事，事事有人做；班级的人，人人有事做；学生时时有事做，事事有时做。魏书生老师对每个班级岗位都有明确的职责要求，对班级常规也提出了具体的要求，使班级自主管理做到有章可循。

三、专业指导

陶行知先生提出，要把学生培养成“学习之主人，生活之主人，创造之主人”。教师应力求培养学生的自主能力，实现学生自主管理。作为教师，我们可以这样做。

1. 树立服务意识

教师，特别是班主任，对自身角色要做到定位准确，认识到教师不是警察，也不是保姆，更不是监工，不能高高在上，动辄对学生指手画脚，而要发自内心地尊重学生的意见。教师是为学生的终身发展服务的，要认识到学生才是教育教学的主体。

2. 树立平等意识

教师要以开放、平等、互助的心态跟学生相处，处处跟学生坦诚相待，让学生亲其师、信其道，敢于表达自己的真实想法。教师要把学生看成自己工作上的助手，而不是对手，这样才有利于发挥每个学生自身的价值，实现其自主管理。

3. 树立对话意识

教师要尊重学生的独立人格，把学生当成班级的主人。比如，班级的各项制度、各种事务，都让学生充分参与讨论交流，最终提出合理化建议。如此才能让班级民主管理成为学生的实际需要，使每个学生实实在在付诸行动。

4. 树立评价意识

班级管理最重要的目的就是培养学生良好的习惯与品质。为了帮助学生实现自主管理，要制定明确的班规班纪，使班级管理实现由“人治”到“法治”的转变。教师应适当对学生提供指导，充分发挥学生的自主作用，让学生集体讨论，制定适合的班规班纪。教师还要建立检查监督系统，督促学生互相提醒遵守相关制度，做好制度的落实工作。以“法”治班可有效减少班主任的失误，也可避免学生因认识、情感的不全面、不稳定、不持久、不正确而导致管理上的偏差。

总之，要大力培养学生的自主能力，给学生充分进行自主管理的机会，使学生学会自我管理，帮助他们锻炼成长为自立自强的人。

主题 4

提高抗挫折能力，接受生活洗礼

所谓挫折教育，就是有意识地创设和利用挫折情境，通过知识和技能的训练，使学生正确认识挫折、正视挫折、预防挫折，增强对挫折的承受力的教育。挫折教育的主要目的是培养学生良好的受挫折能力，提高学生的抗挫折能力，维护其心理健康。

一、典型事例

离校出走

新生军训之后，学校举行了一场“心连心”军民文艺晚会。在节目验收后的第二天，97 级 11 班班主任急匆匆地来到我的办公室，未来得及坐稳便说：“班上窦慧慧同学昨天因节目没被验收上哭了好半天，同学劝她，她只说，太不公平了。晚自习也没上，在寝室里睡觉，今天早上就不见了。”我听后一边吩咐同学分头寻找，一边让班主任与窦慧慧同学家里联系。下午，班主任知道了结果：她回老家了。

借风唱戏巧谈心

既然有了结果，我就不再那么担心了。但我认识到，对学生加强挫折教育，提高其挫折承受能力，是摆在我们面前的一个重要问题。于是我对班主任说，既然发生了这样的事，我们就要借风唱戏。窦慧慧同学回来后，我要立即找她谈话，看她对自己私自回家是怎么想的。

两天后，班主任领着她来到我的办公室。一进门，她就递给我一份检查，低头不语。我问她怎么会这样做，当初是怎样想的。她说："我从小跟着一个老师学过舞蹈，自我感觉这方面能力挺好的，不料，这次自己编的舞蹈在验收时被淘汰，心里总不是味儿。排练这么长时间没被选上，觉得自己的脸没处搁。一气之下，就……"彼此沉默片刻后，我对她说："人生路上难免会遇到艰难、坎坷，节目没被验收，对人生来说，何其小也！这一点儿小事就忍受不了，走上工作岗位以后，再遇到更大的打击怎么能受得了，那时又该怎么办？"最后，我让她回去好好想想，等看完晚会再说。

由点及面，实施挫折教育

晚会结束，窦慧慧找到我，颇不好意思地对我说："我编的节目水平就是低，我知道错了，请学校给我处分吧。"我说："处分是要给的，但在你没有想开之前，你再跑了，可咋好哇？"我开玩笑地对她说。她又一次难为情地笑了。

通过我和班主任耐心细致的教育，窦慧慧终于想通了，特别是生活中该怎样对待挫折、对待失败。于是我提议，班主任组织全班学生举行"正视挫折，提高承受能力"的主题班会。窦慧慧讲了自己出走的心理，谈了自己经不起挫折的危害，给大家上了一堂生动的挫折教育课。①

二、事例分析

生活中不如意事十之八九，学生也不例外，在学校及日常生活中难免遇到挫折。挫折教育在传统教育中部分被忽视，学生缺乏挫折教育导致的不良事件屡屡发生。有关研究表明，对学生进行挫折教育越早越好，至少在幼儿时期就需要开

① 改编自：韦忠民. 学生出走之后［J］. 心理与健康，2000（6）.

展一定的挫折教育，这已经成为当前素质教育实施中的热点问题。

以上案例中，韦老师在窦慧慧事件发生之后，及时意识到学生们面对挫折的不良应对模式，于是采取果断措施开展挫折教育，可谓下了一场及时雨。成长之路不都是一帆风顺的，作为教师，我们需要引导学生认识到：前进的道路充满艰辛和坎坷，通往成功的路上有鲜花也有荆棘，就像变幻莫测的天气，一会儿是蓝天白云，一会儿是电闪雷鸣。只有让学生认识到挫折和失败是正常的、难免的，他们才能做好足够的心理准备，才能适应挫折的情境，才能不致在失败面前跌倒而一蹶不振，才会有更多成功的机会。

在成年人眼中，窦慧慧这样的事情是很小的，但是在孩子的眼中这个事情是蛮大的，我们不能以成年人的视角去揣摩孩子内心的感受。韦老师没有对窦慧慧进行过多的说教，而是在窦慧慧写了检讨书之后，让她回去自己反省。窦慧慧通过观摩晚会，发现自己的节目水平确实很低，虽然自己很努力，但还是有差距。这让她明白，教师们没有对自己不公平。这样，她的内心发生了深刻的变化，对节目验收结果变得心服口服。这就是窦慧慧自我教育的过程，这个过程没有教师的参与，而是学生自己去体会、去感悟。

以上案例中，韦老师面对学生们普遍缺乏挫折教育的状况，借一件事及时开展挫折教育，可谓防微杜渐。针对全体学生开展挫折教育的主题班会非常及时、非常必要，这样可以让学生们掌握应对挫折的方法，提高他们的抗挫折能力。

三、专业指导

新时代的教师要具有对学生开展挫折教育的能力，让学生能够面对学习、生活中的挫折，能够很好地适应环境、接受环境的考验。开展挫折教育时，教师需要引导学生对挫折树立正确的认知，引导学生学会管理自己的情绪，主动面对生活中的挑战，锻造自身的意志品质。教师在平时的教育教学中，该如何开展挫折教育、提高学生的抗挫折能力呢？

1. 提高学生的自我认知能力

很多时候，学生的挫折感是因为不能客观评价自己、对自己有不合理的期望。比如，以上案例中的窦慧慧觉得自己表演的节目不错，认为在选拔中自己一定能够选上，这样让她在失败后挫折感特别强。这是因为她不能准确认识自己，不能对自己的节目进行合理的定位。现实中，不少原来优秀的学生在升入高中以后，不再如初中、小学那样出类拔萃，其中有些学生就会产生强烈的挫折感。所以，应指导学生在确定目标的时候先对自己有个清晰的定位，分阶段制定目标，以利于目标的实现。

2. 加强学生的挫折观教育

如何加强挫折观教育？第一，挫折来临之前，让学生做好充分的心理准备，客观地认识成功与失败的辩证关系。第二，要让学生认识到目标实现过程的曲折性。要培养学生的挫折承受能力，让他们认识到成功的道路不会是一帆风顺的。第三，要培养学生以积极乐观的态度对待挫折。要引导学生认识到挫折具有双重性，让学生学会利用挫折磨炼自己，积极应对生活的挑战，锻炼自身的意志品质。战胜挫折的过程就是成长的过程。

3. 引导学生积极参与社会实践

学生只有经过社会实践的洗礼，才能真正体会到挫折对人生的意义，才能积极参加社会实践活动，自觉接受锻炼，并在实践中不断反思，自觉地调整、修正和提高自己；只有通过和社会、群体的互动，在实践中吸取经验教训，才能不断提高自己的抗挫折能力，真正让身心获得健康发展。

4. 提升学生调节情绪的能力

遭遇挫折以后，适度的心理宣泄可以让学生的消极情绪得到释放，也能够让学生冷静地分析事情的来龙去脉，寻求解决问题的最佳方法。因此，学生在遭遇挫折后，要多与他人交流，加强沟通，保持轻松、愉快的心情。教师要帮助学生通过多种方式合理宣泄，正确归因。

5. 加强理想信念教育

理想信念是人生目标的方向及动力源，是追求美好生活的发动机。教师要加强理想信念教育，进行正确的价值观引导，帮助学生树立正确的世界观、人生观、价值观，使他们遇到困难时积极寻找解决问题的途径。正确的价值导向有利于学生客观看待理想与现实的关系，正确处理失败与挫折，保持积极向上的心态，提高抗挫折能力。

主题 5

运用网络技术，强化学习资源供给

网络打破了时空的限制，为异地教学和异地学习提供了可能性，为协作学习提供了便利。网络的交互性特点可以让师生之间与学生之间实现多种形式的交流，原本难以实现的教学反馈也不再是问题，既可以实时交互，也可以延时交互。教师应该抓住网络这一学习的重要影响因素，将网络作为传递教育信息的平台，达到教育资源的共享和师生之间的互动，促进学生更新学习方式，提高其学习效率。

一、典型事例

王锐老师充分利用网络学习空间，给学生提供了大量的优质学习资源，提升了学生的学习效率。

网络学习空间融资源、服务、数据于一体，支持共享、交互、创新。永济市南街小学的王锐老师作为“山西省模范教师”“运城市优秀教师”“永济市电教能手”，在日常教育教学中，充分利用网络学习空间，刻苦钻研，勇于实践，设置“私人笔记”“教学备案”“班级管理”“知识清单”等 23 个专区，为学生提供各类优质资源，使学生获取知识的途径更加多样化、便捷化，有效提升了学生的学习质量。王锐老师的学习空间，被评为 2021 年度运城市网络学习空间应用典型案例之一。

1. 汇聚教学资源，深化语文课堂教学

在王锐老师的网络学习空间内，学生可以依据自己的学习情况，自主选择观看、使用老师发布的小学语文优秀课件、教案、导学案、微课以及习题、试卷等

资源，随时随地做好预习准备和课后巩固提升。王锐老师借助网络空间，不仅提高了学生的积极性主动性，更激发了学生们比学赶帮超的学习热情。

2. 展示学生风采，赋能班级管理

身为一名班主任，王锐老师在其教学空间中搭建了“班级管理”“班级精彩”“主题班会”等专栏。学生们的黑板报、书法作品、英语情景剧展现在眼前；孩子们吟诵的《劝学》《秋词》《长征》声声入耳；安全教育、宪法学习、节约粮食等主题班会浸润人心……这一个个资源，是学生们风采的展示，更是班级文化的展现。

3. 拓展教育资源，促进家校共育

在学习空间内，一方面，王锐老师创设了“知识清单”专栏，便于家长及时了解课程教学进度以及学生的学习状态，为辅导学生进行家庭作业提供了有利条件；另一方面，王锐老师创设了“工作日常”专栏，分享师生实时动态，并向家长不定期传播优良的家校共育理念，引导家长与教师携手，共同助力学生健康成长。

二、事例分析

王锐老师利用网络空间资源助力学生学习，获得良好效果的主要原因来有以下几个方面。

1. 网络环境有利于学生自主学习

在网络环境中，学生是独立的个体，可以进行自主学习。自主学习就是在整个学习过程中，学习者主要依靠自己主动学习独立完成学习的各个环节，包括搜索资源、建构知识体系、解决遇到的问题。王锐老师既是网络学习资源的提供者，也是学生利用网络进行学习的促进者。

2. 网络学习允许学生有独特的学习风格

网络学习营造了一种轻松的氛围，在这种环境中没有学习上的对手，没有严苛要求的教师，允许学生有自己的学习风格和个性化学习方式。学生的学习风格是指学生在长期学习过程中所形成的个人特有的学习方式。网络学习允许学生按照自己的学习风格进行学习，允许学生探索一些适应网络学习环境的新方法。

3. 网络学习有利于学生进行角色定位

网络环境下的学生角色不是由教师分配的，而是学生自己定位的，这样更容易被学生接受。在虚拟的网络世界，学生能够根据自己个人的情况多次创设学习情境，因此他们不会惧怕失败，错了可以立即重来。

基于以上网络学习资源的特点，我们发现网络学习是学校课堂教学一个很重要的补充形式。教师可以积极开发相关学习资源，搭建网络学习平台，供学生使用。在互联网时代，家长也可以通过网络参与到学校教学中来，对孩子学习进行相应的督促，从而形成家校合力，共同促进学生学习进步。

三、专业指导

为了促进学生的学业发展，教师如何借助网络资源，为学生提供更好的教育和引导呢？

1. 借助网络资源，提高学生的学习兴趣

针对学生对课程缺乏兴趣的问题，教师可以引入互联网教学模式，引导学生在课余时间合理利用网络资源进行学习。例如，教师鼓励学生上网浏览相关网站，了解国内外优秀的人物、文化、科技、风景等，引领学生在认知世界的同时，激发学习兴趣和好奇心。

2. 利用网络教育资源，服务学生发展

网络上有许多优质教育资源，可以让学生获得更多的知识和启发，提高学生的学习效果。教师还可以鼓励学生根据自己的兴趣，寻找合适的学习资源。比如，教师可以推荐优质教育网站，指导学生学习如何查找学科知识，如何利用这些资源进行有效的备考和学习等。

3. 借助网络平台，强化师生之间的交流互动

网络上的互动交流工具丰富多样，如电子邮件、QQ、微信、课堂平台、BBS

等等。教师应利用这些网络工具组织学生进行线上互动交流，加强师生之间的沟通和交流，增进学生之间的交流和合作。通过这种互动交流，学生可以开阔视野，提高创新能力。

4. 搭建网上平台，提高学生的自学能力

教师可以录制网络课程，或者优选一些学习资源，供学生自主观看学习。这样的线上课堂，为学生提供了一个专业、实用、全面的自学平台。教师可以引导学生积极利用这个平台进行信息收集、自我学习、自我测评等，提高学生的学习能力和自我管理能力，增强学生独立思考和解决问题的能力。

5. 为学生提供多元化的教育资源

线上教育资源以其灵活性、互动性、时效性为特征，越来越被学生认可和接受。教师可以利用在线教育资源给学生提供更多更全面的课程资源，让学生学习更丰富的学科知识、公共知识、非学科知识和课外知识，从而实现多元的教育教学目标，引领学生在学习学科知识的同时，主动获取更为广泛的课外知识。

总之，教师要充分利用互联网资源，科学合理地设计教育活动和教学内容，提升教育教学效果；运用网络技术，强化学习资源供给，并珍惜网络资源，做到合理使用和管理网络资源，让互联网在教育教学中发挥更大的作用。

主题 6

合理使用网络，拒绝上网成瘾

随着社会的发展，网络成为学生学习或生活中不可或缺的工具。但是，网络除了知识分享功能外，还有娱乐功能，是一些不良信息的温床。这对学生辨别信息、杜绝网瘾是一个不小的挑战。

一、典型事例

初二学生刘翔因为数学成绩下降受到老师的批评，产生了厌学情绪，晚上总是偷偷在家打游戏。他渐渐对上学失去了兴趣，三天两头请假。有时来到学校也是精神萎靡，看上去眼睛通红。班主任觉得这其中一定有隐情。通过跟家长交流，班主任了解到刘翔从小喜欢上网，有时在家玩儿游戏。刚开始的时候家长也没太在意。进入初中以后，家长发现刘翔有时上网到深夜，就时常提醒他不要玩游戏了早点儿休息。对此刘翔表现得很烦躁。由于打游戏玩儿得很晚，刘翔第二天不能按时起床上学，爸爸一气之下把网线给拔掉了。可这也不能阻止刘翔继续上网，他索性跟老师撒谎称自己身体不舒服请了病假，跑到网吧上网。

为了帮助刘翔走出网络泥潭，班主任决定帮助他。

1. 召开网络主题班会

针对刘翔的情况，班主任认为不是个例，于是决定召开网络主题班会。在班会上，班主任引导学生一起讨论上网的利与弊，给学生播放网络成瘾以后对身心发展造成危害的相关案例的视频，在班级营造合理使用网络的舆论氛围。当着其他同学的面，刘翔在活动分享环节表达了自己的观点。他的认识基本正确，但是在以后的日子里，他依旧上网成瘾、我行我素。

2. 强化学生的成就感

班主任发现集体教育效果有限，之后便采取了个别教育的方式。在一次班会上，班级的多媒体设备出现了故障，班内平时负责管理多媒体设备的同学对比束手无策。这时，许多同学提议让刘翔试试，班主任也投给其信任的目光，让他试一试。不一会儿工夫，多媒体设备就被他修好了。班主任带头给刘翔鼓掌，还表扬他对计算特别精通，是网络高手。这节课，刘翔听得很认真，积极参与班内互动。下课后，班主任把刘翔喊到办公室，表扬他说：“今天表现不错!”他点点头。班主任继续说：“你的学习基础不错，只要坚持努力，学习成绩一定会有进一步提升的。你看，你喜欢计算机，在这方面比别人强，其他学科也是一样的。如果你愿意，可以让任课老师给你稍微补习一下，你没问题的。”刘翔听了之后，很受触动。从此以后，他开始主动找老师问问题，数学成绩逐步赶了上来。

家长也反映，刘翔在家不再沉迷网络了，开始主动做数学题，似乎找到了自己奋斗的目标。班主任了解之后，觉得很欣慰：终于将刘翔从网络世界拯救出来了。

二、事例分析

一些家长经常向教师反映孩子沉迷游戏、沉迷手机，有的是刷短视频，有的是打游戏，有的跟同学聊天，还有的孩子甚至因为玩儿手机而跟父母产生冲突。教育部为此专门出台了相关文件，加强并落实对学生使用手机进行管控的各项措施。所以，帮助学生合理使用网络，防止沉迷游戏，是我们学校教师应该强化引导的重要方面。

以上案例中为了帮助刘翔从网络游戏中摆脱出来，班主任的做法值得借鉴。

班主任老师首先对刘翔沉迷网络的原因进行了分析。通过分析，他认为刘翔沉迷网络主要有两方面的原因。一是家庭因素。案例提到，刘翔的父亲工作忙，长年不在家。而妈妈对刘翔的教育方式不恰当，总是唠唠叨叨。刘翔在学习上遇到困难时，家长很难在学习上给予其实际的帮助。刘翔通过网络缓解压力的时候，父母只会一味阻止，甚至产生冲突。二是刘翔的个性原因。刘翔的性格有些内向，缺乏知心朋友，在学校也不愿意跟教师进行有效交流。面对学习成绩下降，他感到心情失落，可也找不到排解的方法，只好在网络游戏中寻找存在感。结果他越来越沉迷网络，导致成绩越发下滑，形成恶性循环。

在了解了错误的原因之后，班主任老师抓住刘翔渴望在班级中获得成就感，渴望被同学、老师认可的好胜心理，当班级内的多媒体设备出现问题的时候，给刘翔机会让他展示自己。班主任借这个机会与刘翔深入谈心，给予其充分的关爱。刘翔感受到老师的关心，改变了自己的错误认知，最终摆脱了学业困境，走出了网络泥潭。

这个案例告诉我们，每个沉迷网络的学生都有自己独特的心路历程，我们需要深入了解其背后的原因以及学生内心的渴求，给予其充分的关心和帮助，把学生从网络泥潭中拉出来。

三、专业指导

在信息时代，使用网络是不可避免的事情。作为教育工作者，教师应担负起自己的责任，引导学生正确上网，合理利用网络，拒绝网络成瘾，以适应时代的发展。那么，我们如何引导学生正确利用网络、防止沉迷网络呢？

1. 堵疏结合，引导学生正确上网

2015年，国家互联网信息中心发布了《中国青少年上网行为调查报告》。报告指出，中国青少年网民规模已达2.56亿人，占网民总数的41.5%，占青少年总数的71.8%，其中，网络对12岁以下青少年群体（也就是小学生）的渗透进一步加大，上网学生的年龄越来越小。面对网络使用现状，我们应该强化对学生的积极引导，把网络的积极作用发挥到最大限度。

我们可以采取堵疏结合的策略，既不完全反对学生上网，也不一味放任自流。所谓堵，就是加强学生的思想道德建设，倡导学生健康绿色上网，坚决抵制暴力色情游戏以及不健康的网络信息。对于学生的上网时间，我们也要引导家长加以限制，而不能让学生无限制地沉迷于网络。所谓疏，就是引导学生合理利用网络，特别是在学校上微机课时，引导学生利用网络查阅有效资源，引导他们使用软件制作作品等，让学生意识到网络是学习工具，不是玩具。如此堵疏结合，开辟出一片网络新天地，让学生在健康的网络环境中自由翱翔。

2. 利用典型案例，对学生进行网络教育

教师可以借助网上的典型案例开展网络教育。比如，网上曾有这样一则案例：四川成都13岁的洋洋迷上一款手机游戏，因绑定银行卡可以得到礼物，洋洋把奶奶的工资卡与游戏绑定，后来根据游戏提示不断充值升级，3个月花光了奶奶2万元的养老钱。还有一位高中生因为和小伙伴一起上网而迷上了游戏，原本较好的成绩开始下降，经常逃学、夜不归宿去上网，时间长达一个学期。教师可以借助这些案例，引导学生认识到网络是把“双刃剑”，认识到网络游戏的潜在危害。

3. 明确目的，利用好优质网站

许多学生上网的目的不明确，随意上网浏览，在游戏类网站停留时间过多，将大部分时间放在网络游戏上，从而荒废了学业，所以我们要引导学生明确上网目的。教师可以召开“怎样正确使用网络，我们可以利用网络做些什么”的主题班会，及时推荐一些优质网站，比如“英语帮帮网”“青苗网”“雏鹰网”等，鼓励他们利用教育网站寻找网络资源，激发自主学习的兴趣，善用网络资源，学会分辨其中有害的网络信息。

4. 文明上网，注意网络礼仪

教师可以给学生介绍《全国青少年网络文明公约》，让学生认识到网络也有秩序和规矩，不能因为匿名就在网上随便乱说，甚至散布谣言。教师要引导学生遵纪守法，在网上不说脏话，对自己的言行负责，不滥发邮件，主动使用网络文明语言等。

5. 家校沟通，防止孩子沉迷网络

很多家长对孩子使用网络以及手机采取“一刀切”的做法，要么严格限制，要么放任不管，这都是不恰当的。对此，教师要发挥桥梁作用，做好与家长的沟通，正确对待学生上网的问题。一是给学生的电脑安装过滤器或者使用青少年模式。例如，有个过滤器叫“绿坝”，它可以避免学生误点开不健康、不安全的网页，有效监督孩子安全、健康上网。二是与孩子“约法三章”，在孩子做完作业之后允许他上网，玩一些休闲益智类的小游戏，尽量避免接触那些大型游戏，并规定上网时间。三是家长尝试陪学生一起上网，既可以监督孩子，也是一个与孩子交流沟通的机会。四是家长以身作则，文明上网。

互联网时代，学生接触网络是无法避免的，况且网络与学生的学习生活密切相关，有很多需要学生参考学习的资源来自网络。我们要做的就是引导学生合理利用网络，及时分析学生沉迷网络的原因，进行心理辅导，通过家校合力，共同引导学生合理使用网络，拒绝网络成瘾。

专题五
懂学生，要以生为本创新课堂

教师应高度尊重学生，把学生的发展作为出发点和落脚点。教学过程是学生学习知识的过程，是促进其发展的过程，要符合学生的认知规律，引领学生进行深度思维及学习，促进其专业成长，实现教育价值，培养学生的必备品格与关键能力。

懂学生，要立足学情，科学分析学情，这是教学的起点和策略，也是有效教学设计的原点。懂学生，要根据学生的认知规律整合教材，创造性地使用教材。懂学生，要创设问题情境，引领学生进行深度思维及学习。发现问题、提出问题、解决问题是促进学生深度学习的有效途径。懂学生，要学会有效提问，在反馈矫正中读懂学生。有效提问能有效促进学生的全面发展，特别是情感态度、创新思维、批判思维的发展；有效地改善学生的学习方式，使其掌握学习方法，促进学习能力的发展；有效地发展教学效能，促进其专业成长，实现教育价值。懂学生，要关注学生的认知层面，分析学生的思维过程。懂学生，要坚持以核心素养为引领，培养学生必备品格与关键能力。核心素养是一个伴随终身、可持续发展、与时俱进的动态优化过程，是个体能够适应未来社会、促进自身终身学习、实现全面发展的基本保障。

主题 1

科学分析学情，是有效教学设计的原点

奥苏泊尔说："如果我必须把全部的教育心理学减少到一条原理的话，我将说，影响学习的最重要的一个因素就是学习者已经知道的是什么。"学情分析是指对学生的年龄特点、已有知识经验、学习能力、学习风格、学业成效等方面进行的分析。立足学情，科学分析学情，才能确定教学的起点和策略，这是有效教学设计的原点。

一、典型事例

以下是初中历史人教版七年级上册第 9 课"秦统一中国"的学情分析，如图

所示。

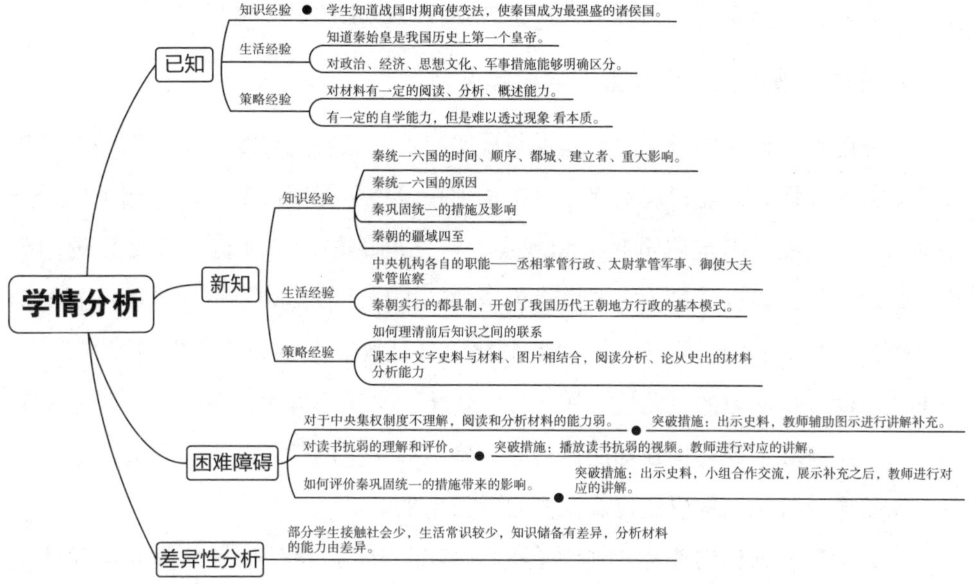

二、事例分析

教师只有全面了解学生，充分关注学生需求，才能确立教学的起点和策略。以上案例中，一切都以“学生”为出发点，教师立足学情，组织教学。

学情分析应该受到教师的重视，但是观察当下的课堂教学，教师往往弱化学情分析，把更多的精力花在研究教材的正确使用上。其实，教师的任务在于了解学生和教材使用之间的相互影响，而不应只关注教材本身，要注意教材和学生当前的需要、学生的能力之间的相互作用。

按照课堂教学进程，学情分析可从以下角度展开：课前的教学设计要分析学生学习的逻辑起点和现实起点，找准两者的契合点，以学定教；课中的教学实施要关注学生难懂的内容，解决学生提出的问题，处理好课堂生成事件，组织多样的语言实践活动，从而满足学生的学习需求；课后的教学评估要及时检测学生的学习结果，相关练习的设计、实施、评价要符合教学标准，推动教与学活动的开展。

学情分析的路径有很多，教师可以围绕课堂教学进程，提出学情分析的视角，以此实施与学生适配的教学，这是教师孜孜以求的最高境界。

1. 掌握学情：教学设计重视学习起点

学习起点可分为学习的逻辑起点与现实起点。逻辑起点是指学生按照教材进度应掌握的知识、技能；现实起点是指学生在多种学习资源的共同作用下已经具备的知识、技能。确定逻辑起点和现实起点之间的距离，并进行详尽合理的分析，是教师备课与教学最为重要也最为费劲的工作。教师如果忽视学生已有的知识基础，忽视他们的学习潜能，在组织教学时对教学内容不加选择而照本宣科，就不能调动学生学习的主动性、积极性。建构主义学习理论认为，学习是学生利用已有知识经验主动建构新知的过程。准确把握学生的学习起点，是合理处理教材、调整课堂教学结构以便提高课堂教学效率的关键。

一名优秀教师面对学生时应该经常这样想：假如我是孩子，假如是我的孩子。“假如我是孩子”，提醒教师要换位思考，立足学生主体地位，体验学习发生的过程；“假如是我的孩子”，提醒教师要把学生当作自己的孩子，研究学生的特点，促进学生发展。

明确了学习的逻辑起点和现实起点后，教师要根据两者之间的距离，合理制定教学目标，采取恰当的教学策略，设计教学过程，真正做到以学定教。

2. 注重学情：教学实施满足学习需求

学生在课堂中的学习状态是否良好，体现于学生的学习参与度及交往活动的是否丰富，能否提出挑战性的问题和发表独到的见解，是否有适度的紧张感和愉悦感，能否自我控制和调节学习情绪，对后续学习是否更有信心，等等。教学实施要根据学生的学习需要，因为学习需要的满足程度决定了学生的学习状态。

3. 反馈学情：教学评估检验学习效果

学习效果是学生在课堂中通过对教学内容的学习而产生的结果。练习应该成为评估学习效果的依据。通过练习，教师“诊断”学生的学习效果，反思教学活动的有效性。

如果把教学目标、教学内容、教学方法比作沙漏的上半部分，那么教学实施就是沙漏的下半部分，而瓶颈就是学情分析。所以教与学的融通，教学效果的达成，必须重视教学的原点——学情分析。正如陶行知先生所说：“如果让教的法子自然根据学的法子，那时先生就费力少而成功多，学生方面也就能够乐学了。所以怎样学就必须怎样教；学得多教得多，学得少教得少；学得快教得快，学得慢教得慢。”教育者必须站在学生的立场，以学生为教学的出发点。

教师只有充分考虑到学情，立足学生的发展实际与需要进行教学设计，才能真正为学生服务，帮助学生发展，实现有效教学。

三、专业指导

学生是学习的主体，教学的开展需要关注学生，把握学情。那么，如何科学分析学情，确定教学的起点和策略，进行有效的教学设计呢?

1. 学生原有的知识基础

教师应对全班学生此前的学习情况进行一次调查，将每个学生对所学知识的掌握情况进行综合的研究，了解每个学生的基础情况。例如，在七年级第一节地理课上，教师可以在绪论的教学中提问学生在小学时已了解的地理知识，以全面了解学生的基本情况。

备课时，教师首先要了解学生的学习情况，分析出哪些是学生已掌握的，哪些是学生初步掌握的，哪些是学生通过自学可以掌握的，哪些是教师非讲不可的。这样有利于教师在授课中做到该讲则讲，不用讲则少讲，力求达到事半功倍的教学效果。例如，学生在小学已经掌握了七大洲、四大洋的知识，在教学海陆分布的时候，这一部分知识可以让学生抢答，在此基础上要求他们按面积由大到小的顺序进行排列并记忆。

其次，教师还要了解学生掌握其他相关学科知识的状况，学生掌握的物理、化学、生物等学科的知识对于地理学科知识的学习有一定的影响。例如，海陆气温差异的原因、影响降水分布的因素，都与物理知识有关；气压带与风带的形成与物理知识有必然联系；赤道周长的计算、比例尺的计算与数学知识有关；酸雨的形成与化学知识相关；等等。

2. 学生现有认知能力

学生的基础学习能力是指在学习过程中能够独立获取知识的能力，包括收集、处理信息的能力和动手操作的能力。初中学生已具备了一定的自学能力，有一定的阅读能力、观察能力、思维能力、分析能力。教师应了解学生可以通过自学达到教学目标的教材内容，对学生能够理解、分析、归纳的内容，教师可少讲，多给学生提供自学机会；对学生不易理解、不能分析的问题可多讲授。例如，在八年级“西部重大工程”的教学设计中，三大工程的路径、运输目的以及工程实施的原因学生可以自学掌握，而工程建设过程中的困难可以由教师进行补充讲解。

3. 学生原有生活经验

每个学生都有各自不同的生活经历和不同的观点、看法，这对即将进行的课堂学习生活具有深刻的影响。例如，初中地理有一部分内容涉及学生未接触过的数学、物理等方面知识，如太阳直射光线在地球上的变化和太阳高度变化的关系，如果学生掌握了圆的切线知识就比较容易理解，但若教师引入这方面的数学知识，只会让学生更难以理解。教师不妨从学生的生活经验出发，告知学生不同季节看到的太阳高度是不同的，这是因为夏季太阳直射北半球，斜射南半球；冬季直射南半球，斜射北半球，以便于学生理解。

4. 学生的情感因素

情感因素是教学设计环节的一个重要成分。情感因素是伴随着学生对知识经验的掌握、相关观念的形成以及内部智力的成熟而发展起来的，它对学生外部智力的形成和创造能力的发展起着决定作用。初中地理有很多内容可以对学生进行情感教育，如八年级学习西亚战乱方面的内容时，可以让他们感受生活在和平环境中的幸福；在学习亚洲经济发展水平这部分内容时，可以结合中国目前经济快速发展，但与世界发达国家仍有很大差距的现状，激励学生好好学习，将来为实现中华民族伟大复兴做贡献。

5. 学生的身心特征

不同年龄段的学生心理各有其特点，教师应根据不同的教育对象，选择不同的教育方法。对初中生既要尊重又要加强教育，并要严格要求。教师在进行教学设计时，应注意考虑不同层次学生的身心特点，在充分尊重他们的同时，发挥其主观能动性。

总之，教学设计主张“为学习设计教学”，任何教学活动都要以满足学生的学习需要为出发点和落脚点，一切为学生服务，教学设计必须把学习和学生作为焦点。因此，科学的学情分析是有效进行教学设计的原点。

主题 2

合理整合教材，符合学生的认知规律

有效教学应是好的教学内容加好的呈现方式加好的教学方法。教师只要根据学生的认知规律整合教材内容，就能做到这一点。这就要求我们创造性地使用教材——既要对教材进行内容整合，重新编排教学顺序，又要合理、有效进行删除和添加。

一、典型事例

下面结合英语必修 5 Unit 5 *First Aid* 谈谈这个问题。

Unit 5 以“急救”为中心话题，旨在通过单元教学，使学生了解相关的急救知识，并能用所学的急救知识，根据不同情况写出急救措施。本节课的教学目的是通过对烫伤急救的学习，了解一些烫伤急救知识并能写出烫伤急救措施。

通常情况下，教师把 Warming up、Pre-reading、Reading、Comprehending 整

合在一起，上成一堂阅读课。Warming up 提供了 6 幅有关急救的图片，展示了 6 种事故：被蛇咬、出血、脚踝扭伤、食物噎塞喉咙、手臂摔伤、鼻子流血。Pre-reading 是 reading 的热身活动，它通过图片引出“烧伤”这一话题，使学生进入对课文的学习。Comprehending 是各种练习和活动。由于本堂课有 4 个教学环节，其结果有可能是，尽管教师和学生在课前都做了充分的准备工作，但由于环节多、内容多，教师只能在匆匆忙忙中完成本节课的教学任务。大部分教师在这种情况下都有一定的困惑：为什么？Warming up 提供了 6 幅有关急救的图片，其专业性太强，难度过高，与学生的知识背景相距太远，学生和教师都要花很大的气力做准备。这样的热身活动，费时费力，既增加了教师的工作量和学生的学习负担，又过多地占用了宝贵的课堂时间，因此需要进行删减、替代。

现在我们尝试运用另一种方法。

首先，把 Warming up、Pre-reading、Reading、Comprehending 4 个环节整合为 Leading-in、Reading、Comprehending 3 个教学环节。删去教材中的 Warming up 环节。导入环节采用故事导入。在讲故事之前，可以提出一个问题：What's the story about? 学生听完后所给出的答案就是课文题目。

故事内容大致如下：有一天，我在厨房做饭，不小心碰翻了暖瓶。开水溅到了我的胳膊上，我痛得跳了起来。我立即冲到了水龙头那儿。我先把袖子轻轻卷起来，把烫伤处放在水龙头下冲了 10 分钟。然后拿湿毛巾敷了几分钟，直到疼痛减轻。接下来，我用干毛巾轻轻把水擦干，用干而清洁又不粘皮肤的绷带把烫伤处包扎起来，再用胶布把绷带固定。哎哟，幸亏救治及时，否则就糟糕了。在讲故事的同时，教师会用毛巾、水、纱布进行演示示范。

二、事例分析

在新课程教学中，教材是引发、指引学生学习的工具，是师生对话的文本。在新教材的备课中，教师有时会感到整体思路不清晰，前后衔接不上。对此，教师在教学中就要敢于适当调整教材顺序，以利于学生思维的衔接。例如，在教学“物质的微观构成”时，教材安排先讲原子，后讲分子，但依据学生的认知水平，在教学中，教师就要把两者颠倒过来讲，这样有利于学生对知识的理解。

根据学生的认知规律整合教材内容，合理重组教学内容，以上案例就很好地体现了这一点。

· 故事导入整合了 Warming up、Pre-reading 两个环节，节省了课堂时间。

· 故事导入加上演示示范，会将学生的兴趣很好地调动起来。

· 故事来源于课文，预习过课文的学生能够轻松听懂，一上课就有成就感。

· 故事中已出现了本课中许多与急救有关的词汇，为下一步教学做好了铺垫。

· 教学重难点突出，层次清楚。开始以烫伤故事导入，结尾以烫伤急救小组表演活动结束。

· 这样的呈现方式省时省力，能提高课堂教学的实效性。

First Aid 的整合方式多种多样。只要我们吃透教材，进行有效的整合，课堂上内容多、讲不完的问题就可以得到有效解决。

三、专业指导

如何使我们的教材整合符合学生的认知规律？“低起点、小步子、缓坡度、慢节奏、多变式、勤反馈”的“十八字”教学原则能起到很好的作用。

（1）“低起点”是指教师对学生原有知识水平的起点要求要低。不要以为我们的学生啥都会，其实有很多知识他们都不会。新知识是在原有知识的基础上建立起来的。只有承认学生的起点低，教师才能在教学设计中选用适合学生特征的教学方法。

（2）“小步子”就是每节课要求学生学习的知识点要少一点，并做到三个明确，即学什么、怎样学、学到什么程度。这样学生才能随时掌握在教学过程中反映出来的原来混淆不清的知识点，使其真正掌握所学的新知识。

（3）“缓坡度”是要求教师遵循循序渐进的原则，在知识点与知识点之间进行恰当的过渡，例题与例题、习题与习题之间的梯度要小一些，或者把同一个问题从不同的角度提出，这样有助于学生对新知识的内涵和外延有更清楚明了的认识。

（4）“慢节奏”是要求教师在组织学生学习新知识的过程中，要给学生留有一定的思考时间，让学生有回味、有体会，而不能讲话像机枪一样，提出问题像连珠炮一样。

（5）“多变式”是要求教师在教学中尽可能多地让学生参与教学活动，例如想一想、做一做、研究研究、说一说等。学生只有积极参与才能真正学会。

（6）“勤反馈”是指教师在学生参与的过程中进行信息反馈，根据学生的知识接受情况调整教学环节、教学进程。只有教学方法得当，学法才能得当，进而才能把教与学统一起来，把教学工作与学生的基础实际结合起来。

在教学工作中，按照学生的认知规律进行教学，落实上述“十八字”教学原则，学生的素质一定会得到大幅提高。

主题 3

创设问题情境，引领深度思考及学习

深度学习是一种基于理解的学习，是指学习者以高阶思维的发展和实际问题的解决为学习目标，以整合的知识为内容，积极主动地、批判性地学习新的知识和思想，并将它们融入原有的认知结构中，且能将已有的知识迁移到新的情境中的一种学习，它是一种基于实践探究的学习。发现问题、提出问题、解决问题是促进学生进行深度学习的有效途径。如何巧妙地创设问题情境，引领学生进行深度思考及学习？让学生通过质疑、设问、实验探究，不断进行深度学习，最终实现答疑解惑、触类旁通，是每位教师必须掌握的教学技能。

一、典型事例

许多优秀教师在课堂教学中，往往善于创设问题情境，一问激起千层浪，使课堂精彩纷呈。可见，创设好的问题情境，能让学生主动、快速、水到渠成地提出问题，之后进行科学探究，这样学习才有深度。

案例 1：借助抽象问题，促使学生在逻辑分析中开展深度学习

在开展“分数意义和性质”这部分内容的教学中，教师可以先从分数的概念、性质等基础知识入手，指导学生直观地理解分子、分母等所表示的内涵；接着引入“数形结合”思想，播放多媒体动画：6 个小动物集体为小猴子举办生日聚会，现在需要切蛋糕，下列问题该如何解答？

①如何均等分配蛋糕？

②均等分配的情况下，小猴子得到了多少蛋糕？该如何表示？

③小猴子和小兔子总计得到了多少蛋糕？

根据上述问题，教师再引入“均等分圆的方法”等数学方法，并组织学生拿出圆形卡纸尝试分割，促使学生在实践与想象中对“分数”的概念、性质、形式、意义等知识进行深度学习与深入理解。

案例 2：融入直观想象性问题，让学生在学科建模中开展深度学习

在开展“扇形统计图”这部分内容的教学中，教师可以设计实践性问题：统计班级中学生兴趣爱好占比，并组织学生在直观想象中展开分析，借助基本逻辑关系构建数学模型。随后组织学生开展调研与统计，就所获取的数据进行分析、整理，用实践数据来验证对应模型的可行性与有效性，确保对学生建模能力的培养以及深度学习的开展。

案例 3：利用运算类问题，引领学生在数据分析中开展深度学习

在开展“负数”这部分内容教学中，教师可以创设生活化问题情境，引入当地气温案例：秋冬更替之际，某地气温波动很大，11 月 5 日气温为零下 5℃，11 月 6 日为零下 4℃，11 月 7 日气温上升 4℃，请问 11 月 7 日气温为多少摄氏度？对此，教师引导学生结合题目中所涉及的数据展开分析，排除干扰内容：11 月 5 日气温为零下 5℃，建立运算关系：11 月 7 日气温 = −4℃ + 4℃ = 0℃。这一运算过程展开，既强化了学生对“负数”内涵的理解，又增强了学生的理解能力与思维能力，促进了深度学习的开展。

案例 4：在知识的联系之处设置问题，促进学生深度学习

在开展“异分母分数加减法”这部分内容的教学时，在引导学生学习新知识之前，教师需要引导学生回顾之前所学的整数和小数加减法的计算方法，并引导学生发现它们的共同特点：在运算过程中，相同数位需要对齐，相同计数单位进行运算。这时，教师可以设置问题：“细致观察，了解异分母分数，可以直接进行加减运算吗？为什么？”在学生通过直观图和通分两种方式进行探讨之后，教师提出问题：“大家所运用的这两种方法之间有什么相似之处呢？”然后让学生知道虽然所运用的解决方式有所不同，但道理是相同的，都是用转化的方式统一分数单位。因此，在教学过程中，教师不仅要把握数学知识之间的逻辑关系和发展状态，还需要引导学生构建新旧知识之间的联系，让学生在自主探究学习的过程中更加深入地学习。

二、事例分析

新课改的落实及未来社会的发展都需要学生进行深度学习，基于简单记忆和重复训练的浅层学习已远远不能适应未来社会发展的需求。深度学习的开展、高阶思维能力的培养，有利于落实新课改及适应未来社会发展的需求。

上述案例 1 告诉我们，深度学习的开展必须建立在学生对概念、公式、定律等充分理解、深入学习的基础上，以促使学生在学科思维、理解能力、综合素养方面实现蜕变。而很多处于小学阶段的学生，其学习方式以直观认知为主，且由直观具体、单层思维向抽象理解、逻辑形成变化。因此，教师应该以问题为驱动，促使学生在由易到难、由简到繁的问题探究过程中进行抽象思维能力、逻辑思维能力、发散思维能力的塑造，为确保课堂教学向纵深方向发展奠定基础。而且，教师对抽象性问题的设计质量直接决定着学生深度学习能否实现，这就要求教师在开展问题设计时必须把握最基本的原则与规律。

一是必须确保问题的逻辑性特质。教师可以借助诸多关联性、衔接性较强的问题作为驱动，促使学生在由浅入深的逻辑推理、探究、分析中开展深度思考，透过问题表像理解其中所蕴含的数学思想，达到深入理解学习内容、充分开展深度学习的目的。

二是必须确保问题的教育性特质。教师应该根据教学内容、学生特性，设计出与教学目标、学习预期、学情现状相契合的问题，促使学生在问题启发下进行思考，在问题引领下开展深度学习，达到激活思维、塑造素养、提升能力的目的。

案例 2 告诉我们，以问题为驱动，促使学生在解决问题的过程中形成基本的建模意识，既可以推动深度学习的开展，又可以提升学生的理解能力。教师可以带动学生以现实生活为基础，合理想象，充分联想，并结合一些统领性、可行性问题的探析，构建基本的数学模型，如此就能为促使学生学习向纵深发展奠定基础。

案例 3 告诉我们，运算能力是小学生必须具备的基本意识与能力之一。教师可以融入一些基础性、针对性、辅助性运算，设置具体问题，创设运算情境，让学生在深度运算中获得认知迁移的能力，逐步推动其深度学习的实现与开展。

案例 4 告诉我们，在知识教学过程中，所有的知识点之间都有着一定的联系，因此需要将单个知识放到整个知识系统当中去看待。教学不仅要重视单个知识，更要注重知识的整体性。教师在教学中要站在全局的高度把握知识的整体结构特点，寻找学生的认知起点和逻辑起点，寻找新知识的切入点，设计驱动学生深度思考的问题。

新课改的教学理念要求以学生为主体，以问题探究为主要方式，通过自主、合作、探究，实现新课改提出的素养目标。“科学探究”的开端是发现问题和提出问题，没有问题就没有探究，而没有探究，深度学习就难以实现。

三、专业指导

爱因斯坦认为，“发现一个有价值的问题比解决一个问题更重要。发现一个有价值的问题可能开辟一个新的科学领域，而解决问题只是一些技巧”。教学中，教师一定要善于创设问题情境，引导学生发现并提出问题，让学生全身心地投入问题的探究解决实践中，充分激发学生潜能，拓展学生思维的深度与广度，从而为创新思维的发展及深度学习的开展打下坚实的基础，为学生未来发展奠基。那么，如何通过创设问题情境，引领学生进行深度思考及学习呢？

1. 源于日常生活经验的问题情境创设

日常生活的许多方面都与教学有着千丝万缕的联系，作为教师，首先应从日常生活经验中创设提出问题的情境。例如，讲自由落体时，教师引导学生展开想象：一个大苹果和一张小纸片同时从五楼阳台同一高度下落，会有什么现象发生？学生回答："苹果下落得快！"教师问："为什么？"学生回答："因为苹果更重。"教师问："那真的是重的物体下落'快'，轻的物体下落'慢'吗？"此时，教师让学生动手实验：取两张相同的纸片，一张铺开，一张揉成一团，让它们同时从同一高度下落。观察结果出乎学生的意料：两张纸片虽然一样重，但没有同时下落。这与日常生活经验相矛盾，势必引发学生思考：物体下落速度快慢与哪些因素有关？难道物体下落速度快慢与物体重量无关吗？又如，生活经验告诉我们，静止在足球场上的足球，只有用力踢它，球才会运动。教师问："由此可得出什么结论？"学生回答："物体要运动就必须有力的作用。"教师问："球踢出后，脚对它还有力的作用吗？"学生回答："没有。"教师问："那足球离开脚后运动就停止了吗？"学生回答："没有。"这说明物体的运动不需要力来维持。师问："那力用来干什么呢？"学生从课本中获知"力是改变物体运动状态的原因"，即力能改变物体的运动状态。可力为什么不能改变物体的惯性呢？课本中的知识告诉我们，物体的惯性是由物体的质量决定的，学生马上思考：为什么同一辆汽车速度越快，刹车后前进距离越长？这是否说明物体运动速度越快，惯性就越大呢？师又问："同一辆汽车以同样的速度在较为光滑的水泥路面和土路上刹车后前进的距离相同吗？"学生回答："不同。"在这一系列的问答过程中自然而然产生了一系列的矛盾冲突，点燃了学生思维的火花，必然引发学生的深度思考，深度学习就此得以实现。

2. 源于对科学现象观察的问题情境创设

自然现象中蕴藏着深奥的科学知识，尤其是自然科学知识。教师要善于引导学生观察自然现象并从中创设问题情境。当学生仰望万里晴空时，引发学生思考："天空为什么是蓝色的？"看雨后美丽的彩虹时，引发学生思考："彩虹是怎么形成的？"仰望满天的星斗时，引发学生思考："星星怎么老眨眼睛？"看浩瀚大海时，引发学生思考："为什么总有潮起潮落？"……

3. 源于自然现象的问题情境创设

物理、化学、生物等都是注重实验的学科，实验贯穿教学过程的始终。教师应从实验现象中创设问题情境，例如在教学"探究感应电流产生的条件"这部分内容之前，请学生思考：若给你导线和小灯泡组成一个闭合的线圈放在电磁炉台板上，给电磁炉通电，小灯泡能发光吗？学生们不知所措，此时教师进行演示，小灯泡还真发光了。学生很是惊讶，接着就会陷入深思。在教学中设计出乎意料的实验，常常能促进学生深度学习。

4. 源于亲身体验的问题情境创设

学生在成长过程中总会经历许多意想不到的体验。例如患流行性感冒时，许多学生都有过静脉注射以及输液的体验，创设回顾打针和输液过程的情境，教师可以从中提出许多静脉注射中与压强有关的问题，比如：输液瓶口为什么要插两根管？药瓶为什么要吊在高处？为什么针头刚插入血管时有血液冲出？输液时药液为什么要匀速滴注？当药液滴注完时，空气会进入静脉吗？

5. 源于逆向思维的问题情境创设

人们常喜欢逆向思考，就像数学中常用到反证法一样。在教学中，教师要充分利用逆向思维创设问题情境。例如奥斯特实验说明了"电能生磁"，可以引导学生思考"磁能否生电"，从而拓展学生的思维，引导学生进行具体的实验探究。

总之，在设计教学问题时，教师应该从学生的认知实际与具体教学内容出发，尽量凸显问题的发散性、引领性、探究性、发展性价值，让具有不同发展需求的学生均获得谈及、参与、实践、体验相关教学内容的机会，使问题驱动与学生发展相得益彰、互促并进。教师应该以问题驱动为辅助，加强对课堂教学问题的设计、对学生问题意识的培养，促使学生带着问题开展深度学习、深度探究、深度实践。

主题 4

学会有效提问，在反馈矫正中读懂学生

有效提问是指提出的问题能使人产生一种怀疑、困惑、焦虑、探索的心理状态，这种心理状态进而又驱使个体积极思考，不断提出问题和解决问题。有效提问能促进学生全面发展，特别是情感态度、创新思维、批判思维的发展；能有效地改善学生的学习方式，使学生掌握正确的学习方法，促进学生学习能力的发展；能有效地发展教学效能，促进教师专业成长，实现教育价值。所以，教师要学会有效提问，在反馈矫正中读懂学生。

一、典型事例

案例 1：问题设置简单、琐碎，学生上课上得云里雾里，不知课堂学习目标是什么。

一教师执教六年级的《螳螂捕蝉》，前半节课设置了下列 12 个问题。

问题 1：同学们，《螳螂捕蝉》篇课文讲了谁劝谏谁呢？

问题 2：大臣们和少年都进行了劝谏。他们为什么要劝谏吴王呢？

问题 3：你是怎么理解“乘虚而入”的？

问题 4：这将导致多么可怕的结果，所以文中说后果……

问题 5：一个贤明的君王听到大臣的劝谏，他会怎样？

问题 6：然而，吴王却……（点名让学生读课文第一小节吴王说的话）这个时候，你认为吴王是一个怎样的人？

问题 7：大臣们的劝谏失败了！面对少年的劝阻，吴王的态度是怎样的？

问题 8：少年劝谏成功了！由此，我们会想到什么问题呢？

问题 9：看来，大家对课文中的少年很感兴趣。今天这节课我们就重点来研究少年是怎样来劝谏的。

问题10：请同学们默读课文并思考：少年为什么能劝谏成功，最终他是怎么让吴王想明白了不能攻打楚国这个道理的？

问题11：同样是“谏”，大臣们的谏是直谏。那少年的谏是一种怎样的“谏”？（智谏）

问题12：谏的方式不同，取得的效果就不同。那再想一想：少年为什么不讲别的故事，单单选择“螳螂捕蝉”这个故事来“谏”呢？这里是否还有“妙思”呢？《螳螂捕蝉》这个寓言故事大家并不陌生，我们先来找一找：课文中哪些小节描写了这个故事？读一读，读时的感受不妨就记在书上。

案例2：问题设置“一步登天”，学生望题兴叹，不知解决问题靠什么。

以下是一教师执教五年级《金蝉脱壳》的开场。

（1）教师声情并茂地讲述了《三国演义》中诸葛亮“金蝉脱壳”的故事。

（2）请学生解释“金蝉脱壳”的意思。

（3）揭示本节课的学习内容：今天，我们就来学一学大自然中的“金蝉脱壳”。

案例3：有一位教师执数六年级的《螳螂捕蝉》，整节课中她问了7个问题：

问题1：请大家默读全文，找出文中描写“螳螂捕蝉”这一成语具体内容的相关段落。

问题2：请一位同学来读一读你找到的段落。其他同学思考：故事中出现了几个角色，他们之间有什么联系？（在此基础上让学生讲述“螳螂捕蝉”的故事内容）

问题3：“螳螂捕蝉”这则成语故事想告诉我们什么道理？

问题4：他们眼前的利益、身后的祸患分别是什么？根据哪些词语可以看出他们一心想要实现眼前的利益？（出示表格，完成填表）

问题5：“螳螂捕蝉”的故事是少年讲给吴王听的，少年为什么要把这个故事讲给吴王听？你是从文中哪里知道少年也想劝谏吴王的？

问题6：少年为什么用这个故事来劝谏吴王？对吴王来说，眼前的利益指什

么？身后的祸患又指什么呢？（引导学生学习第一自然段，理解当时的境况与故事的相通之处）

问题7：少年劝谏的目的达到了吗？为什么在少年之前，那么多大臣劝谏不成，而少年却能成功呢？请大家在文中找一找，看看他们的劝谏有哪些不同之处。

二、事例分析

以上案例1的这节课上，学生是在教师的一个个问题引导下学完课文的，完全是在被动学习，因为很多问题是浅层次的，而且教师所问的第十个问题太宽泛了，指向性不明确，所以学生不知如何回答。一堂本应充满智慧的课却上得毫无生气，更没有出现我们期盼的课堂生成。教师设计的这12个问题，只是按照课文段落的顺序机械排序，它们之间没有必然的逻辑关系。作者写文章有他自己的构思，每段都是全文的有机组成部分，必定都和全文有着有机的联系，但逻辑顺序不一定等于自然段顺序。而本案例中，教师没能把握文本整体结构的内部规律，所设计的问题令人感觉繁杂琐碎，没有整体感。学生在整节课上只忙于回答教师的一个个问题，不明白每个问题与教学目标的内在联系，“只见树木，不见森林”，课堂教学效果大打折扣。

案例2中，教师的开场三步曲不是由浅入深、由表及里的，三步之间的逻辑联系完全是颠倒的。“金蝉脱壳”本是一个自然现象，是人们在长期的劳动实践中观察到的，而《三国演义》中诸葛亮“金蝉脱壳”的故事，则是由本义衍生出的三十六计中的一计。课堂一开始教师就讲历史故事，还让学生说出“金蝉脱壳”的意思，这显然是个“一步登天”的问题。学生未学课文，对词语本义尚不清楚，怎么能理解“金蝉脱壳”这一计的意思呢？如果学生能说出历史故事中“金蝉脱壳”的含义，那么这节语文课还有什么意义呢？因此，教师在设计问题时一定要遵循学生的认知规律，先让学生通过学习课文了解“金蝉脱壳”这一自然现象，再理解该词语的本义，然后认识词的引申义，由浅入深、循序渐进，进而理解历史故事的含义。否则，学生没有找到解决问题的依据，不知从何下手，是会被问“倒”的。

案例3的这节课，教师每一个问题提出后，学生都需要再读课文，在细读分析思考后才能回答。在这一过程中，学生与文本有了充分的接触。7个问题环环相扣，由浅入深。通过有效提问，教师在反馈矫正中读懂学生。随着教学流程的步步推进，引导学生开展深度思考和深度学习。不难看出，这是一节高效课堂的成功课例，究其原因，关键是教师的有效提问。

细细琢磨案例3中教师设计的7个问题，我们可以从中觅得“有效提问”的两点策略。

1. 问题设计从整体入手，注意内在的逻辑联系

上述案例3中的教师抓住了这篇文章的重点所在，通过教学设计，合理整合教材内容，7个问题环环相扣。先让学生了解“螳螂捕蝉”这则成语故事的内容，再读懂故事中渗透的道理。虽然这部分内容在课文后几段，但如果不把“螳螂捕蝉”的故事读懂，学生就不能认识到吴王的决定和“螳螂捕蝉”之间的相同点，不能认识到当时吴王的错误决定带来的危害，更不能真正理解少年用这一故事劝谏吴王的智慧所在。整个教学过程如抽丝剥茧，如层层剥笋，引领学生直达文章的内核，对文本内涵产生深层次的感悟，这是站在整体的高度对全文的把握，可谓既有高度又有深度。

2. 问题解决要设置“台阶”，循序渐进

该教师设计的这7个问题，犹如为学生学习课文搭建的七级台阶，由浅入深、由易到难，每个问题都在学生的“最近发展区”内。力所能及但又具有挑战性的问题，激发了学生的学习兴趣。学生在思考这些问题时，完成了从已知到未知再到发现的过程，同时，其思维能力和阅读能力也得到了锻炼。

其实，能否做到“有效提问”，关键在于教师在备课时是否吃透了教材，是否把握了教材的精髓，是否对教材进行了合理整合，将教材巧妙地变为学生学习的学材，符合学生的认知规律。只有帮助学生找到理解课文的切入点，牵一发而动全身，才能收到好的教学效果。因此，贴近学生认知，合理整合教材，这是有效提问的前提。有了“有效提问”，才能在反馈矫正中读懂学生，课堂教学效率才可能真正提高。

三、专业指导

有效提问的概念是独立的、多元化的。有效提问不仅针对学生个体，也针对整体教学过程以及整个课堂。教学中“有效提问”的类型包括以下几种。

复述型问题：这类问题常用“是什么”“怎么样”一类文字引出，一般能直接从教学内容中找到答案。从思考的角度来讲，这类问题着重于语言方面的理解。

演绎型问题：这类问题是已经抽象出某种概念，要求学生答出具体表现，把概念具体化，常用“表现在哪里”一类问题引出。

概括型问题：这类问题要求学生从已有的事实中抽象出概念。比如，在给学生讲完故事后提问（以“从……中看出……”的句式引出），由于概括能力是逻辑思维能力的一个重要方面，这类问题就显得非常重要。为了培养学生的概括能力，教师在实际教学中常常把演绎型问题和概括型问题结合起来组织提问。

分析型问题：分析型问题涉及概念、判断推理，采用分析、比较、综合等方法，让学生由表及里地思考问题。这类问题往往用“为什么”引出。

追问型问题：就是把所要讲授的知识分解为一个个问题，一环扣一环系统地提问学生。追问型问题的特点是，教师发问的语气较急促，问题与问题之间的间隔时间较短，能训练学生敏捷灵活的思维品质。追问能使学生保持注意的稳定性，刺激其积极思考，有利于学生全面理解课程内容，掌握各部分知识之间的内在联系。

另外，还有预设型提问、封闭式提问与开放式提问、陈述型提问、指令型提问、否定型提问、自答型提问等。总之，教无定法，问也无定法，只要做到问需有法、问需知类。

那么，如何学会有效提问，在反馈矫正中读懂学生呢？

1. 问题与目标相契合

要充分准备，从形式到内容，从时间到人选，从接收反馈信息到讲评，教师都要做到心中有数。对于什么时候向什么人提出什么样的问题、学生答错或回答离题如何引导等等，都需要认真考虑、精心策划。问题要明确，要围绕教学目标提出问题，切忌似是而非、敲“边鼓”，坚决剔除与教学目标相去甚远、与完成教学任务无关的虚假问题。教师要紧紧围绕教学目标设计一系列引发学生学习的问题，在教学内容的关键处、矛盾处、对比处提问，抓住疑难点、兴趣点、模糊点提问。问题要具体，切忌模棱两可、华而不实。要让学生清楚通过怎样的学习解决怎样的问题。教学中唯有科学、恰当的问题才能调动学生积极思维，才能引领学生开展深度学习。

2. 问题和情境相契合

提问是教学过程中的一项重要活动，能够起到引领教学方向、揭示教学内容、推动教学发展的作用。要达成上述目标，教师需要先读懂教材，在备课过程中深入挖掘教材，熟悉教学内容，对所教学知识进行科学的归纳和演绎。

在此基础上，教师还需要进一步分析哪些知识用提问表达、教学过程中的各个环节如何通过提问来衔接以及每个环节提问难度的高低。教师要对教材内容进行梳理，准确把握教材的知识内容，以提高提问的有效性；还要根据学生的年龄特点，结合适当的情境，提出相应的问题。

3. 问题和思维相契合

教师提问要看准时机，适时提问是一种高水平的教学艺术。如果把学生的思维活动比作一池水，教师的提问就如同向池中投石。“投石”的时机把握得是否恰到好处直接关系到教学效果的优劣。“投石”过早，学生的思维尚未充分调动起来，不能与问题与教师的启发诱导建立起有机的联系；而“投石”过晚，也很难达到启发思维的最佳效果。

课堂提问的目的是引发学生思考，让学生找到新旧知识之间联系的桥梁，要注重思维启迪，问题难易适度。问题过易，不能引发学生思考，学生会产生厌倦情绪；问题过难，学生无从下手，会挫伤学生学习的积极性和信心。教师提出的问题应让学生能够运用已有经验（包括知识、能力基础、生活积累），在阅读、分析、思考、交流的基础上得以解决。

4. 问题与追问相契合

课堂提问是设疑、激疑的重要手段，是师生交往、互动的外显形式。“学起于思，思源于疑”，有经验的教师善于在提问之后不断追问，抓住、点燃学生思维的火花，激发他们思考现象背后的道理。

5. 问题与评价相契合

“不愤不启，不悱不发”，教师要适时提出问题。提问的最佳时机，就是学生“愤”“悱”之时，也就是学生“心求通而未得之意，口欲言而未能之貌”的时候。提问形式要多样，要有设问、自问、反问，可综合应用“设疑式”“对比式”“比喻式”“辐射式”等多种提问方法。要注重评价引领，提出问题后，在学生阅读、思考、交流的基础上，教师对学生的回答及时进行评价。在评价学生的回答时，教师要相机诱导、点拨、引领，以确保学生通过解决问题增长知识、提高能力、升华情感。

6. 问题与学生相契合

教师要面向全体学生、因人施问。“为了每一位学生的发展”是新课程的核心理念，课堂提问必须面向全体学生。“因材施教”的教学原则要求教师在课堂提问中应该因人施问。一方面，教师必须全面了解学生的已有经验，这是基础，也是前提；另一方面，教师应设置有梯度的问题。课堂提问所设计的问题要让每个学生都受到启迪，使学生人人积极学习、个个主动进取，使课堂变成学生思维火花不断迸发、智慧灵感不断涌现、优秀才华竞相展示的舞台。

主题 5

学会多元评价，用多把“尺子”衡量学生

德国教育家第斯多惠说：“教学艺术的本质不在于传授，而在于激励、唤醒

和鼓舞。”在意义建构过程中，学生表现出来的能力不是单一维度的数值反映，而是多维度、综合能力的体现，因此，对学生学习的评价应该是多方面的。要想懂学生，教师就要学会多元评价，用多把“尺子”衡量学生。

一、典型事例

1. 关注结果，更要关注过程

随着新课改的不断深入，重视过程性目标的达成，即让学生在经历（感受）、体验（体会）、探索中学习，已逐步成为广大教师的共识。关注对学习过程的评价，就要“关注学生的参与程度、合作交流的意识与情感、态度的发展。同时，也要重视考察学生的思维过程”。教师可采用“延时”评价的方法，不轻易、草率地评价学生，而应适当延长时间，待信息一次反馈甚至多次反馈后再做评价，这样有利于伸展学生思维的触角。

例如，教学求根公式时，教师不能只看到学生知道了结果就急于做肯定的评价，而要先看学生是否亲身经历了探索公式的形成过程，是否注意了“$a\neq0$，$b^2-4ac\geqslant0$”这个前提条件，是通过独立思考还是参与合作交流得出公式的，等等，再做出恰如其分的评价。

2. 关注共性，也要关注个性

学生们学习基础、性格、智力等方面存在着差异。同样的评价对于这个学生是合适的，而对于另一个学生可能是不合适的。所以，既要关注学生的共性，又要关注其个性，统一评价与分层评价相结合，以分层评价为主。对于学习优秀学生的评价，重在引导他们创新，鼓励他们勇于挑战老师、挑战书本，勇于超越自我；解决问题要从多角度去思考，而不能满足于一种方法，追求独特的创见，发挥自己的潜能。而对于学习上相对落后的学生，则要千方百计抓住他们身上的闪光点，哪怕是微不足道的进步，都要及时加以肯定和鼓励；同时，实行“弹性”要求，在保底的前提下不做硬性规定，从而引导其参与学习活动，主动学习，体会学习的乐趣，从而让不同水平的学生在学习上得到不同的发展。

3. 即时评价和延时评价相结合

教师在教学中对于有创新思维的学生要予以大力表扬；对于学习困难学生要重

视发掘他们的潜能，及时表扬，并为他们指明努力的方向。例如教学“约数和倍数”一课时，让学生找出28的约数。集体交流时，有的学生找到了1、2、4，有的找到了7、14、28，教师都给予了充分的肯定。这时有位学生提出质疑：“我认为0也是28的约数。”教师对其予以了高度评价：“这样思考很好！你能认真观察，勇于向书本质疑。但0是个特殊的数字，不喜欢与约数交朋友。”质疑是创新的开始，教师可以使用即时性激励评价，使学生逐步养成质疑、敢问的习惯。

4. 学生评价教师，构建和谐课堂

长期以来，评价主体主要是教师，且以评价学生的学习成绩为主，评价结果不可避免地受到教师的经验、水平、评价手段等的影响。新的评价观要求教师、学生从相互对立的状态转向相互之间统一的关系，教师不宜唱独角戏似的评价学生，而应使评价成为双向甚至多向活动，让学生成为评价主体。

5. 学生互相评价，真正实现以生为本

课堂教学中，评价的方式应该是多种多样的，学生之间的互评便是其中一种。学生是学习的主体，学生参与评价同学，能有效地调动学生的学习热情，营造“比、学、赶、帮、超”的学习氛围。因此，实际教学中，教师要鼓励学生互相评价。学生既要赞美同学的优点，又要客观地指出其不足。

课堂教学实施多元化评价能有效地促进教与学双方的互动相长，有利于学生主动发展，有助于培养出具有分析思考能力和解决问题能力的学生，进一步提高教师的教学水平。

二、事例分析

回顾名师经典课堂，我们不难发现其中的共性：名师有自己的魅力，他们的魅力来自他们的人格力量、文化底蕴以及高超的智慧。课堂上，恰如其分的评价语他们信手拈来，其中包含准确得体的评价、夸赞激励的评价、机智巧妙的评价、诙谐幽默的评价。巧用多元评价，把评价的权利还给学生，可化腐朽为神奇，创造出课堂教学艺术的佳境。

课堂评价应以发展学生能力为重点，并注重评价学生运用知识分析问题和解决实际问题的能力。应结合学生平时的表现，将学习全过程纳入课程质量评价范畴。对学生学习的评价，既要关注学生对知识与技能的理解和掌握，更要关注他们情感、态度的形成和发展；既要关注学生学习的结果，更要关注他们在学习过程中的变化和发展。要以科学的评价激发学生的热情，促进学生全面发展。

（1）评价要具有激励性。激励性评价能触动学生的心弦，唤起学生内心的激情，培养学生的自信心，激发学生的学习兴趣。教师要善于观察学生在课堂上的表现，敏锐地捕捉到其中的闪光点，并及时地给予其肯定和表扬，使自信的学生更积极，自卑的学生也活跃起来。一句表扬的话语、一个温情的抚摸、一个惊喜的表情、一个肯定的微笑……无不充满激励。

（2）评价语言要中肯。教师的评价一定要具有可信度，对学生不能一味夸奖，要让学生既体验到成功的快乐，又看到自己的不足。最重要的是，教师的陈述语，能够引起学生的情感共鸣，激发学生的学习动力。

（3）评价一定要客观。新课程理念下，越来越多的教师以“鼓励性评价”取代“甄别性评价”，但要把握评价的分寸。鼓励赞赏必须建立在客观评价的基础之上，只有这样，课堂评价才能给予学生有效的激励。

三、专业指导

教学艺术的本质在于激励、唤醒、鼓舞。课堂上，教师是引导者，是点拨者，是鼓舞者，是激励者。懂学生，就要学会多元评价，用多把“尺子”衡量学生。如何在课堂教学中对学生做出适时、恰当、自然的多元评价呢？

1. 坚持能力目标

对学生掌握知识的情况进行评价是必要的，但更应注重对学生知识理解能力、应用能力、分析思维能力的评价。

2. 坚持发展性原则

学生学习的过程是发现和发展学生潜能的过程，更好地促进学生潜能的发展是课程评价的重要原则。

3. 坚持适用性原则

课堂教学内容、教学手段、考核评价方法必须与学生的特点相适应。

4. 坚持动态性原则

课堂评价方法应该动态发展，根据学生各方面的情况，每年都要对评价方法进行补充和完善。

5. 坚持过程性评价与结果性评价相结合

新课标重视学生学习的过程，以培养学生学会学习为目标。因此，不能忽视过程性评价，要做到过程评价与结果评价并重。

总之，课堂教学评价是整个教学过程的有机组成部分。懂学生，就要学会多元评价，用多把“尺子”衡量学生。合理有效的课堂多元评价，能唤醒学生的自信，点燃学生的学习激情。

主题 6

核心素养引领，形成必备品格与关键能力

核心素养是学生在接受相应学段教育的过程中逐步形成的适应其个人终身发展和社会发展需要的必备品格与关键能力。它是关于学生知识、技能以及情感、态度与价值观等多方面要求的结合体；它指向过程，关注学生在其培养过程中的体悟，而非结果导向。同时，核心素养兼具稳定性、开放性与发展性，是一个伴随个体终身可持续发展、与时俱进的动态优化过程，是个体能够适应未来社会、促进自身终身学习、实现自身全面发展的基本保障。

一、典型事例

小学数学课堂核心素养有效浸透和培养

【设计理念】

《义备教育数学课程标准（2022 年版）》中指出，解决问题要让学生经历从不同角度寻求分析问题和解决问题的方法与过程，体验解决问题策略的多样性，拓展

创新意识；引导学生动手实践、自主探究、合作交流，使学生理解和掌握根本的数学知识和技能，体会和运用数学思想和方法，获得基本的数学活动经验。设计本节课，力求让学生在经历、体验解决问题的过程中感悟解决问题的策略及方法的多样性，体会数学的根本思想，并在积极主动的探究过程中培养学生的数学核心素养。

【教学内容】

《义务教育教科书·数学》（人教版）四年级下册第九单元（第 99 页例 1）。

【学情分析】

四年级学生已经具备初步的运用猜测、枚举、画图等方法解决问题的经验，在学习过程中可以表达自己的想法，因此，教师在教学中可以尝试放手让学生自主探究、合作交流，使学生尽可能获得直接的经验。

【教材分析】

“鸡兔同笼”问题原属于六年级教材中的内容，现编入四年级教材，主要目的是让学生一方面通过生动有趣的古代数学问题感受我国古代数学文化，另一方面通过体验猜测、列表、画图、假设等方法解决问题的策略，培养学生有序思考及逻辑推理能力。对于四年级学生来说，理解和掌握假设法还有些困难，因此，在教学时借助数形结合，引导学生发现并理解假设法，这是突破教学难点的一个关键点。“鸡兔同笼”问题作为一个载体，其核心在于表达解决问题的策略和思想方法。所以，在教学中要注意渗透化繁为简、有序思考、数形结合以及假设思想、模型思想等根本的数学思想。

【教学目标】

（1）理解并掌握用列表法、画图法、假设法解决“鸡兔同笼”问题。

（2）经历自主探究解决问题的过程，培养学生的逻辑推理能力。

（3）体验数学问题充满兴趣和挑战性的特点，激发学生学习数学的兴趣。

【教学重点】经历解决问题的过程，掌握运用列表法、画图法、假设法解决“鸡兔同笼”问题的方法。

【教学难点】理解并掌握假设法，能运用假设法解决数学问题。

【教学过程】

环节一：情境导入，激发兴趣

（1）呈现“鸡兔同笼”情境图，引入课题。

（2）出示“鸡兔同笼”原题。

（3）提出问题：谁能用自己的语言描述一下这道题？

（4）呈现问题：笼子里有若干只鸡和兔，从上面数有35个头，从下面数有94只脚，鸡和兔各有多少只？

（5）分析问题：题目中告诉了我们哪些条件？

（6）初步经历“猜测—验证—调整”的过程，交流猜测的结果。

环节二：合作交流，探究新知

（一）体验过程，化繁为简

谈话：我们大家刚刚猜了好几组数据，但是经过验证都不对，为什么会猜不准呢？数据大了不好猜，我们应该怎么办？

呈现例1：笼子里有若干只鸡和兔，从上面数有8个头，从下面数有26只脚，鸡和兔各有几只？

（二）自主尝试解决问题

要求：选择你自己喜欢的方法在学习单上填一填、算一算，也可以画一画。有什么困难或有什么好的想法，可以和同桌交流。

（三）交流方法，体验策略

1. 交流列表法

（1）按照预设，引导学生汇报交流。

预设：从鸡有1只、兔有7只开始推算。

预设：从鸡有4只、兔有4只开始推算。

交流重点：体会逐步调整的过程。

（2）总结方法，体会思想。

提醒：像这样按照顺序列表试一试的方法，叫列表法。

问题：和猜测法相比较，列表法有什么优点？（有序思考）

2. 展示画图法

（1）引导学生展示汇报，交流的重点是画图时每一步的想法。

（2）总结方法。

3. 探究假设法

（1）问题引领：结合画图法的思路，假设用列算式的方式解决问题，该怎样列式？

（2）引导学生讨论、尝试。

（3）汇报交流，借助直观演示帮助学生理解假设法。

4. 解决古代“鸡兔同笼”原题

要求：用自己喜欢的方法解决古代“鸡兔同笼”原题。

环节三：建立模型，理论应用

1. 基础练习

（1）问题：“鸡兔同笼”这样的问题，一定是“鸡”和“兔”吗？

（2）出示“做一做”第1题：“龟鹤同游”。

（3）“龟鹤同游”这个问题属于“鸡兔同笼”问题吗？谁相当于“鸡”，谁相当于“兔”？

（4）学生独立完成，集体交流订正。

2. 变式练习

（1）出示：信封中装有5元和10元人民币共20张，一共160元。5元和10元各有多少张？

（2）这个问题属于“鸡兔同笼”问题吗？谁相当于“鸡”，谁相当于“兔”？

（3）学生独立完成。

环节四：总结全课，拓展延伸

（1）这节课，我们探究了哪几种解决“鸡兔同笼”问题的方法？

（2）课后拓展：在用“假设法”解决“鸡兔同笼”问题时，假设全是“兔”行不行？聪明的古人又是运用怎样的奇思妙想来解决这个问题的？

二、事例分析

中国学生发展核心素养以培养“全面发展的人”为核心，将学生核心素养分为文化基础、自主发展、社会参与3个方面，综合表现为人文底蕴、科学精神、学会学习、健康生活、责任担当、实践创新六大素养，具体细化为国家认同等18个基本要点。

本课是人教版小学数学四年级下册“数学广角”中的内容。本课由《孙子算经》记载的“鸡兔同笼”问题引入，通过化繁为简，引导学生经历列表、假设等过程，探究解决问题的策略，体验丰富的数学思想和方法，从而培养学生的数学素养。本节课应向学生渗透的数学思想方法主要有化繁为简、有序思考、数形结合以及假设思想和模型思想。本课需要重点培养的学生数学核心素养主要是数感、推理能力、几何直观、模型思想和应用意识。所以，这节课的重点不单单是让学生学会解决“鸡兔同笼”问题，更重要的是让学生体验解决问题策略的多样性，感悟一些数学思想和方法，最终培养学生的数学核心素养。为了将以上设想落到实处，教师在教学时进行了以下设计。

一是在呈现古代“鸡兔同笼”原题之后，引导学生进行初步的猜测、验证和调整。通过“我猜鸡有 20 只，兔有 30 只，行吗”“怎样才知道我猜得对不对”“同桌合作再猜一组数据，看能不能猜到正确答案”作为培养学生数感的切入点，再通过“数据太大，不容易猜对”，让学生体会化繁为简的必要性。

二是调整了教材从“8 只鸡 0 只兔”开始列表的方法。按照学生的思维，既然是鸡兔同笼，枚举时怎么可能想到 0 只兔呢？所以，在学生尝试使用列表法解决问题时，应尊重课堂生成，不刻意引导学生依循“8 只鸡 0 只兔”开始列表的方法，这更符合学生的认知规律。

三是将画图法作为引出并理解假设法的支点。假设法是本节课的一个难点。通过列表法引导学生探究学习假设法，对于大多数四年级学生而言具有一定的难度，因此补充了画图法，并以此作为突破这个难点的支点。学生在画图解决问题的过程中，“假设法”就自然而然地浮出水面，再结合课件直观演示，学生就可以有较为深入的理解。这个过程更能让学生充分体验到数形结合思想的重要作用。

四是将模型思想的渗透作为本课练习环节的一个重点。这节课要渗透的最重要的核心素养，就是培养学生合理运用模型的思想。从“鸡兔同笼”到“龟鹤同游”，从“龟鹤同游”到生活中的数学问题，让学生在类比过程中认识“鸡兔同笼”问题的本质特征，建构数学模型。在培养学生应用意识的同时，这一过程让学生体验到模型思想在数学学习中的重要作用。

本课教学主要注重以下几个方面。

1. 重视学生在学习活动中的主体地位

《义务教育数学课程标准（2022 年版）》指出：“学生学习应当是一个生动

活泼的、主动的和富有个性的过程。认真听讲、积极考虑、动手实践、自主探究、合作交流等，都是学习数学的重要方式。学生应当有足够的时间和空间经历观察、实验、猜测、计算、推理、验证等活动过程。”基于以上认识，在整个教学过程中，通过创设有助于学生自主学习的问题情境，引导学生实践、考虑、探究、交流等，给学生充足的空间和时间，在生生互动、师生互动的过程中体验解决问题的多种策略，获得数学基础知识、基本技能、基本思想、基本活动经历，促使学生主动地、富有个性地学习，从而提高分析问题和解决问题的能力。

2. 感悟数学思想，积累数学活动经验

数学活动经验的积累是提高学生数学素养的重要途径。“鸡兔同笼”问题的探究性比较强，因此教师设计了有效的数学探究活动，如猜测、列表、画图、假设等，使学生在“做数学”过程中亲身经历数学发生、发展的过程，积累数学活动经验。数学思想蕴含在数学知识形成、发展和应用的过程中，所以本课教学的各个环节注重数学思想的渗透。例如，在呈现主题情境后，渗透化繁为简的思想，让学生感受从简单问题入手进行研究的必要性；在交流列表法时，引导学生将其与猜测法相比较，感悟有序思考的数学思想；展示画图法时，让学生体验数形结合思想的价值；在练习环节，注重培养学生的模型思想。

3. 抓住着力点，培养学生数学核心素养

东北师范大学史宁中教授提出数学教育的终极目的——学生会用数学眼光观察现实世界，会用数学思维考虑现实世界，会用数学语言表达现实世界。结合本课教学，我们认为，培养学生的“数学眼光”，就是培养学生的数感和几何直观感受能力；培养学生的“数学思维”，就是培养学生的逻辑推理能力；培养学生的“数学语言”，就是培养学生的模型思想。而这些正是本课教学中需要培养的数学核心素养。

因此，在教学时，应重抓住每个可以有效培养学生数学核心素养的着力点。例如：在“猜测—验证—调整”环节，培养学生的数感；在理解画图法时，培养学生的几何直观感受能力；在探究假设法时，培养学生的逻辑推理能力；在进行数学练习时，培养学生的模型思想和应用意识。

本课的不足之处在于教学内容的取舍方面。对于四年级学生而言，“鸡兔同笼”问题具有一定的挑战性，要使每位学生都能充分经历探究的全过程，教学时还需要给予学生充足的空间和时间。因此，在改进本课教学时，需对教学内容进行调整，可以考虑将后面的两个练习留到下节练习课进行，这样，学生就有更充足的时间和空间进行自主探究、合作交流。

三、专业指导

发展学生核心素养必须落实到具体课程的核心素养。而具体课程的核心素养是指学生在学习一门学科之后必须形成的重要品格与关键能力，它与核心素养在方向和性质上是统一的。懂学生，就要坚持以核心素养为引领，形成必备品格与关键能力。那么，如何在课堂教学中落实课程核心素养呢?

1. 建构基于课程核心素养的课程体系

落实国家课程必须结合学校实际，围绕国家课程目标开发课程内容，形成学校特色学科课程。例如，历史学科以史料支撑教学，教师要带领学生走出教材、拓宽视野，培养学生的历史课程核心素养。教师要以整体联系的眼光，组织、设计、处理历史教材中各章节、各单元、各知识点的关系，让学生在整体中、在联系中、在比较中学习；要打破学科边界，让学生在综合地带进行探究，走向跨学科学习。

在真实情境中，教师要以实际生活中的问题为教学项目，以解决问题为驱动，选取和设计教学主题，开展有效的跨学科教学。例如，让学生通过实验、查找资料、调查研究来分析雾霾产生的原因、雾霾的成分以及对环境和人类健康的影响，并提出相关处理措施。该主题引导学生从化学、生物学、地理学、社会学等多学科角度进行分析和研究，帮助学生在所学不同学科领域之间形成有意义的联系，培养学生的高阶思维能力，提高学生的思考能力和解决问题的能力。

教师还要充分认识学科教学活动真正的价值，在教学中大力倡导和精心设计学科教学活动。学科教学活动意味着学生对学科知识进行加工、消化、体验，并在此基础上进行内化、转化、升华，这是形成课程核心素养的重要渠道。例如，物理、化学、生物学科开展探究性实验，语文学科开展创作活动，等等。学科活动要体现主体性，尊重学生主体精神，让学生在“做”中学、在“做”中思考、在“做”中验证经验。

2. 提炼课程核心内容（概念）

课程核心内容是构建核心素养的载体。课程核心内容一般是指学科中的主要内容、关键内容。核心内容往往是一组内容或一类内容组成的知识群。每一组核心内容都蕴含一个基本的、反映相应学科本质的特征。而这些本质特征往往反映学科的基本思想，是发展学生课程核心素养的关键。

从学科的角度看，核心概念是位于学科中心的概念性知识，包括对重要概念、原理、理论等的基本理解和解释。这些内容能够展现当代学科图景，是学科结构的主干部分。从教学的角度看，这些内容有利于学生把握课程核心内容的线索和层次，抓住教学中的关键；有利于教师有效控制教学内容容量，合理安排“脚手架”知识；有利于学生逻辑思维能力的提升，而不是单纯掌握更多的事实内容。

3. 将“教材内容”转化为“教学内容”

教材内容是教科书所呈现的内容，教学内容是在课堂上呈现的与具体教学目标相匹配的内容。事实上，许多课堂“只有教材内容，没有教学内容”。那么，如何解决这个问题呢？简单来讲，首先，要有清晰的目标。其次，对教材内容的处理需要通过“三化”以实现“三有”。“三化”首先是所学的知识条件化，即补充背景知识，让学生知道所学知识“从何而来”，让教材内容变得有温度、有情感，以实现教学内容的“有趣”；其次是所学知识情境化，即介入真实情境，让学生知道、体会从教材中所学的知识“到哪里去”，能解决真实世界中的问题，以实现教学内容的“有用”；再次是所学知识结构化，以帮助学生理解、记忆和迁移，实现教学内容的“有意义”。

4. 大单元设计提高教学设计站位

什么叫单元？一个单元就是一个完整的学习故事，就是一种课程或者微课程。例如，语文教材中的一个单元主题下的4篇课文，如果没有一个完整的学习方案，没有学习任务的驱动，就只是内容单位，而不是真正的单元概念。从知识点到单元，标志着教师备课的站位提高了，而站位决定眼界和格局。知识点站位，看到的目标只是了解、理解、记忆；单元站位，看到的目标才是学科育人的关键能力、必备品格与价值观念。因此，指向课程核心素养的教学必须提高教师的教学设计站位。

大单元设计主要涉及下面 4 个问题：如何依据课程核心素养（课程标准）、教材、课时、学情与资源等，确定一个学期各教学单元的名称与数量以及每个单元的课时数？如何分课时设计一个单元完整的学习方案？如何在一个单元的教学中介入真实情境或任务？如何设计反思支架以引领或支持学生反思？

以大单元设计的教案是一个完整的学习故事，包含六个要素：一是单元名称与课时，即为何要花几课时学习相应单元；二是单元目标，即期望学生学会什么；三是评价任务，即何以知道学生已经学会了；四是学习过程，即学生需要经历怎样的学习；五是作业与检测，即学生是否真的学会了；六是学后反思，即学生需要通过怎样的反思来管理自己的学习。

从某种程度上讲，素养不是直接教出来的，而是学生自己悟出来的，但如何让学生正确地悟或反思，这是需要教师设计的。大单元学习设计要求教师将相关的知识点组织起来，以便形成有结构的知识体系，这样的学习才“有意义”。具体来说，就是要求教师依据清晰的目标，采用新增、删除、更换、整合、重组等方法，对教材内容进行科学化处理，以实现教学内容的有趣、有用、有意义。

5. 深度探究让真实学习真正发生

引导学生围绕关键问题进行深度探究是发展核心素养的关键。深度探究是在教学过程中围绕一个重要主题进行持续、深入的探究活动。深度探究的主题是从教学的核心内容中提炼出来的。深度探究的过程是层层递进、由浅入深的过程，需要问题的引领，更需要在探究过程中提出新的问题。在探究过程中，学生展示自己对问题的理解和不同的解决方法，这些方法反映了学生的思路，这些不同的方法引起的讨论和争论使学生越来越接近正确的解决方法。

“深度学习”有多种定义，其中有四个关键点：一是高认知，高认知的起点就是理解；二是高投入，即全神贯注；三是真实任务、真实情境的介入；四是反思。怎样把深度学习设计出来？教学设计的产品即教学方案，应该是教师开给学生的学习“处方”，让学生明白去哪里、怎么去、怎么知道已经到那里了，而不是告诉别人“我自己”要做什么。教师要关注学生应该学会什么、有没有学会、怎么才能学会。因此，教学变革首先要变革教学设计。

当下的教案主要涉及三个方面，即目标、重点和难点、教学过程。在教案中，目标写学生“去哪儿”；重点和难点是20世纪写教学目的、教学任务时常写的，而新课标要求写目标，就不需要写重点和难点了，因为目标就是回答如何解决重点和难点问题的；教学过程主要回答教师自己做什么，主语全是“教师”，如导入、创设情境、讲授新知识、布置作业等。教学变革要从教案开始，教案不变，课堂就不会变！教案变革的方向是把深度学习设计出来，让学生能够真正进行深度学习。

总之，学科教学要以核心素养为具体目标，教师要处理好学科素养与核心素养之间的关系，尊重教育教学规律，让核心素养在每一门课程中落地生根。

专题六

懂学生，班级管理要民主化

人的成长只能在实践中得以实现，并通过实践来拓展更多的发展空间。班级民主管理既能提高学生的能力，形成良好的班风，建立民主、和谐的师生关系，有利于教师的专业成长，也能让学生真正成为课堂的主人、班级自我管理的主人。

学会放手，做一个会“偷懒”的教师。这里所说的“偷懒”是一种高超的技能，是一种至高的境界，是一种绝妙的班级管理艺术。“懒”，从某种意义上讲，是一种创造力，是提高工作效率的一种内在动力。学生学会自主管理，可以让班级充满成长的气息。必须改进教学方式，把课堂还给学生，把班级还给学生，把创造力还给学生，让班级真正成为学生的舞台，让学生站在教育舞台的正中央，成为教育这场舞蹈的领舞者。教师要做到长善救失，给学生成长的时间和空间，发扬积极因素；克服消极因素；善于发现学生的错误，及时进行纠正和指导；重视因材施教，善于因势利导，将缺点转化为优点。要学会换位思考，换个角度看待“问题”学生。教师的一言一行、一举一动都会给学生造成很深的影响，要学会“用心”育人。教育教学要直抵心灵，教师需走下至高无上的神坛，对学生包容些，再包容些。要以人为本，构建和谐民主的班级文化，这是构建文明班级共同体的必要条件。

主题 1

学会放手，做一个会“偷懒”的教师

这里所说的“偷懒”是一种高超的技能，是一种至高的境界，是一种绝妙的班级管理艺术。古人云：“善学者，师逸而功倍；不善学者，师勤而功半。”“懒”，从某种意义上讲，它本身就是一种创造力，是提高工作效率的一种内在动力。

一、典型事例

把课堂主动权还给学生

一年多来，我和学生们在每天的语文课开始前 3 分钟吟诵《新经典》已经成为雷打不动的习惯。《新经典》中大多选取的是现代儿童诗歌，学生们很容易懂，我一般也不多讲。但每本总有两三个单元是古诗词或小文言文，为了给学生准确地讲解，自己常常在课前花不少时间查找资料。

上一周诵读的主题是“先秦诸子”。第一篇是选自《荀子》的《登高而招》，自己并不熟悉。于是，我在课前搜集了相关资料，自以为可以给学生讲解得清楚明白。殊不知，在讲解过程中大多数学生一脸茫然，甚至还有的根本没听进去，居然在小声说话。我说道：“老师辛辛苦苦查资料给你们讲，居然不听！既然你们听不进去，明天起，老师不讲了。这单元后面剩下的 4 篇，每个大组自学 1 篇，然后推选代表在全班讲，你们也来当当老师！”学生们面面相觑，我不再纠结，开始语文课本内容的教学。

第二天，又到了诵读时间，内容是选自《荀子》的《锲而不舍》。我忐忑不安地走进教室，他们到底有没有认真准备，能不能准确地讲述课文意思？但是说过的话就要执行，我首先问第一大组：“今天该你们这组的同学当小老师，做好准备的举手。”一双双小手举了起来，有的还很犹豫。还好，大多数人自学了，我松了一口气。“谁来像老师平时讲课一样给大家讲讲？”一双双举起的小手又慢慢缩了回去，最后只剩下四五只手。无奈，我只好叫了一名语文基础比较好的学生。他站起来，拿起一张纸条，把他在计算机上搜索到的文章一字不落地读了一遍。我转头问学生们：“你们听懂了吗？”学生们有的点头，有的摇头，有的说读得太快了。我温和地对那个学生说：“你现在慢一点儿，一句一句地先读原文再说意思，好吗？”他果然照着我的要求重讲了一遍。“这次听懂了吗？”“听明白了！”学生们纷纷点头。

“后面的小老师都要这样讲。”我吩咐下去。

第三天，诵读的内容是选自《韩非子》的《人有祸》。上课铃刚响，我走进教室。“今天谁来当小老师？”一双双小手纷纷举起来，再没有昨天的犹豫。于是，我请了一个平时语文学习一般的学生，他居然也一句一句地讲清楚了。“还有什么补充的吗？”“老师，我想像你平时那样，我来说意思，同学们来对出相应的原文中的句子，考考大家，好吗？”“没问题！”我心里暗自高兴：自己惯用的招数有人学会了。于是，教室里响起琅琅的读书声，学生们个个读得有滋有味。

接下来几篇文章，我完全成了旁观者，不再像往常那样到处查找资料、口干舌燥地讲解，一下子变得轻松了。而且我欣喜地发现，学生们学得更起劲了，甚至还表演了最后一篇《自相矛盾》。

前两天，学到了语文课本中的第 23 课《古诗词三首》。在布置预习任务时，一个学生突然站起来说：“老师，这几篇古诗词还是我们自己来讲，好吗?”其他学生附和道：“好啊！老师这下可以偷懒了。”学生们笑了。但是，课文学习与课外阅读毕竟不同，我先让学生们回忆了一下学习古诗词的方法，然后要求他们一步步自学，做好充分的准备。

第二天，像往常一样，我安排的学习内容是古诗《乡村四月》的学习。一个学生自告奋勇地先给大家讲了关于诗人翁卷的一些资料和写作背景，其余的学生听得津津有味。接着另一个学生比较顺利地给大家讲了诗歌描绘的画面，另有两个学生做了补充。让我没想到的是，有的学生不光说出了画面，还指出了从诗歌中得到的理解此诗的依据。然后我问学生：“都听懂了吗？有没有补充?”一个学生站起来说：“他把诗歌的意思讲得很清楚，我还明白了这首诗前两句是写景，后两句是写人，表达出诗人对乡村景色的喜爱和对劳动人民的赞美。”我不由自主地为他鼓掌。“最后，我们应该有感情地背诵这首诗。”学生们说道。“对这首诗还有问题吗?”我问道。“没有了!”我一看时间，才用了 20 分钟。“老师，我们接着讲《四时田园杂兴》。”“好啊。”我干脆坐到了教室的后面。由语文科代表组织，一个个“小老师”认认真真地讲起来。底下的学生们全神贯注地听着，不时发表一下自己的意见。一节课下来，学生们轻松地掌握了两首诗。我成了观众，一个似乎多余的人。

坐在讲台底下，我真正体会到：做一个会“偷懒”的教师，充分地相信学生，把主动权还给学生，课堂教学似乎变得更精彩！

轻松惬意的“六一”联欢会

每年的“六一”儿童节，按照惯例都要在班上组织“六一”联欢会。过去，我总是亲力亲为，布置场地、选拔主持人、选定与审核节目，甚至还帮他们写主持词。现在，我只需对所有这些环节先提出要求，然后交给班委，让他们自行组织。安排下去后，我还是不放心，偷偷观察了解他们的组织情况然后仔细地看了他们上交的组织方案以及节目单，发现自己的担心完全是多余的：节目内容丰富多彩，主持词、串词有家长参与，写得很精彩。那次联欢会开得非常成功，我第一次感到了前所未有的轻松，内心无比惬意。从此以后，我就更加大胆地放手，发挥班级每一位学生的特点，发掘班上每一个学生的潜力，还充分调动家长的积极性，让他们也参与到班级管理与班级活动中来。

忙而有序的卫生大扫除

班级管理中，最让人头疼的是打扫卫生。现在的学生，大多数是独生子女，个人自理能力较差。之前，每次大扫除都因为担心学生窗子擦不干净、地拖不到位、桌凳摆放出安全问题，所以很多时候都包办代替。有一次，因要外出培训一周，我走时向班长和劳动委员千叮咛万嘱咐，一定要他们在大扫除的时候，把每一个地方都落实到人，打扫到位，不要让班级被扣分。一周后回来，同事们告知："在你走后，你们班班级卫生搞得干干净净，每次检查都得高分，你就放手吧！"听了同事们的话，我不由得感叹：真是该学会放手了。

各负其责的班干部

学会放手，不是什么都不管，而是要学会培养一批得力的班干部做小助手。我平时就认真观察学生的日常表现，根据各自的特点，安排适合他们各自的工作。为了培养学生的集体服务意识，我尽量把班级事务细化，让人人都有事做。

这一系列做法，带来许多思考：班主任工作是琐碎的，事无巨细、亲力亲为固然重要，更多的还是要多动脑子，并且要相信学生，充分调动、培养学生的自我管理能力，发掘他们的潜能。学会放手，其实更多的是我们在工作中要仔细琢磨、认真规划。在脑勤、嘴勤的前提下，不妨做个"懒老师"，多给学生展示的机会。

二、事例分析

"偷懒"，并不是无责任心、凡事马虎、投机取巧、对学生不管不顾。聪明地"偷懒"，是由于信任学生的自然学习能力与创造力，是为了激发学生的学习兴趣和潜能。课堂上抛出问题，等待学生的思考与解答，放手让学生"折腾"，放手让学生参与、检查、督促、评价，"人人有事干，事事有人干"，教师充当"军师"或"裁判"的角色，学生的智慧、个性、创造力被激发……教师轻松了，学生也得到了锻炼。要给学生展示才华的空间和舞台，让学生在参与、投入教育教学过程中获得更深刻的情感体验。教师一个人的力量是有限的，学生一群人的力量是无限的。

教学管理工作细致而又复杂，班级管理则可以称得上一门艺术，班级管理水平体现了教师的工作能力。教师事事亲力亲为，亲自管理监督，既增加了自身工作负担，又剥夺了学生增强管理能力的机会，不利于学生的成长。

对于班级管理，该放手时就放手。魏书生老师以人为本的民主管理值得借鉴：在魏老师庞大的管理系统中，处处体现着以人为本的管理特色，他相信每个人的能动性和创造力。魏老师经常说这样一句话："凡是学生能干的事，班干部不要干；凡是班干部能干的事，班长不要干；凡是班长能干的事，班主任不要干。"魏老师的这句话体现出他民主、科学的管理思想，他认为民主管理可提高学生对管理的认识，最大限度地调动学生参与管理的积极性，解决学生不服从管理、不投入管理的问题。

很多教师肯定有过这样的经历：为了达到学校的要求，又怕学生出错，把本属于学生的工作一手包办。他们自己以为很负责，事实上却让学生产生依赖感，没有克服困难的决心，失去学习与生活的动力，而他们自己则整天忙碌劳累。这样的结果不是教师想要的，也不是学生想要的。

三、专业指导

教育工作面对的是具体鲜活的对象，没有现成的"万能公式"可以套用，唯有脚踏实地做教育的有心人，学会放手，做一个会"偷懒"的教师，才能感悟其中的真谛。

1. 学会放手

教师工作累，往往是因为他们自己把所有的事情都大包大揽，事事担心，处处小心，总不放心学生，怕学生做不好，于是变成了真正的"班爸""班妈"。他们自己累，学生也缺乏自理能力。不是有句话叫"懒娘生个勤孩子"吗？所以，放开你的手，充分地相信学生、尊重学生，给他们动脑、动手的机会，并加以合理的引导，他们会创造出你想象不到的结果。

2. 学会改变

教师往往不由自主地把自己的职业病发挥得淋漓尽致，如命令、唠叨、严肃。教师总觉得自己放松了，学生就不好管了。其实，我们不妨学着有所改变，真正走进学生的内心，触摸学生心底的渴望，真正和学生交朋友，遇事多站在学生的立场思考，这样，学生会尊你、敬你、亲你、爱你，你工作起来会轻松自在，你也会为拥有他们而感到幸福。

3. 学会运用制度

每个单位都会有一套制度，学校班级也不例外。制度可以由学生来制定，他们利用自己制定的制度来管理自己，比教师制定制度有效得多。笔者喜欢对学生说“说到做到”，更喜欢对学生说“我更喜欢能说到做到的孩子”，这样，学生一般会纷纷表现出自我最好的一面。

4. 学会向学生示弱

人在心情不好的时候就会出现“踢猫”现象。作为教师，尤其要学会控制自己的情绪，学会像学生尊重我们那样去尊重学生。学生天性顽皮，有时可能会做出你想象不到的事，这个时候不要咄咄逼人，而要学会向学生示弱。这样，师生之间哪还有解决不了的事情？哪还有学生不老实交代的问题？

5. 学会利用班干部

班干部是教师的左膀右臂，运用好了，班级管理工作就可以轻松很多。但也不能一味依靠班干部，教师不能做甩手掌柜。要想利用好他们，就要定期对班干部进行培训指导。学生的潜力是无限的，创造力是惊人的，当教师教给他们方法之后，他们可以让方法生出方法。利用好班干部，教师就可以“偷懒”，做指导他们的“遥控器”，何乐而不为呢？

主题 2

自主管理，让班级充满成长的气息

叶澜教授说：“把课堂还给学生，让课堂充满生命活力；把班级还给学生，让班级充满成长气息；把创造力还给学生，让教育充满智慧、挑战。”教师必须改进自身教学方式，把课堂还给学生，把班级还给学生，把创造力还给学生，让班级真正成为学生的舞台，让学生站在教育舞台的正中央，成为教育舞台的领舞者，让班级充满成长的气息！

一、典型事例

魏书生老师说，当好班主任老师乃雕虫小技。乍一听，这话无疑是妄语。然而，智慧之士，运斤成风，又有谁可以怀疑他那高超的班务工作技巧呢？

（一）了解与研究学生

“种庄稼，首先要知道各种作物生长发育的特点，这样才能适时地施肥浇水；治病要了解每个病人的具体病情，如此才能对症下药；教师必须了解每个学生的特点，这样才能选择、确定教育的方法、措施。”“教师治的是心病，第一步当然是认识心，知道心，即育人先知人。”教师只有了解学生，才能分析学生、教好学生，才能根据学生各自的特点对其加以疏导，进行不同层次、不同方位、有的放矢的教育。了解和研究学生的方法有观察、谈话、写书面材料、进行调查走访等。魏书生老师常用的方法是谈话，这种谈话不在办公室进行，而是在放学路上和特定的学生在一起的时候进行。因为，离开了课堂、学校的环境，师生面对着一个广阔的天地，能够摆脱固有角色的束缚，谈话会更自由些，离社会实际总是更近些，也更能贴近学生的心。谁能说“谈话”不是了解学生最科学有效的方法呢？

（二）组织和培养班集体

1. 用“格言警句”引路

“阳光、火光、电光，能照亮江河山川，能照亮道路，能照亮物质世界；思想之光，能照亮人的精神世界。”魏书生老师始终坚持每天“点燃一盏思想的明灯”，即抄一句格言。“尊人者，人尊之”“隐其恶，扬其善”“宁可人负我，不可我负人”“一万次口号抵不上一次行动”“聪明的人改变自己，糊涂的人埋怨别人”……春风化雨，点滴入心；日久天长，潜移默化。学生的精神世界有了这些格言明灯的照耀，一定会比昨天更明亮。魏书生老师是一位极具鼓动力的人，他自己联系实际，提出了“伟人们忙着干实事，可怜虫忙着骂别人”“少说空话，多干实事；多琢磨事，少琢磨人”等口号，指导着一批又一批学生沿着他指引的人生之路前进。

2. 用“道德长跑”明理

魏书生老师把写日记叫作“道德长跑”。因为春夏秋冬、年复一年坚持长跑的人都变得身体健康、强壮有力。而长年坚持不懈写日记，能使人心理健康、心胸开阔。绝大部分心理正常的人，写日记时都说心里话、说真话，这便起到了教人求真的作用；绝大部分人写日记时一般都劝自己上进向善，劝自己助人改过，针砭丑恶，赞扬美善，歌颂美好的人，歌颂美好的事物，这便起到了教人向善向美的作用。有了日记的指导，人生航船得以驶向广阔的天地。

3. 用《班级日报》促进

学生手抄的《班级日报》有“班级新闻”“班级怪杰”“我们的未来”“前任班长评价”“文章病院”“警钟专栏”“征求意见”等栏目。不同于许多严肃的国家级大报，它生动、活泼、富于变化、色彩斑斓，读起来赏心悦目。因为所搜集的报道的内容来自学生身边，平添了不少班级生活的乐趣。每月装订成册的合订本，是学生集体智慧的结晶，它将全班学生的心维系在一起，对班级管理起到良好的促进作用。

4. 用“班规班法”制约

教书十几年，魏书生老师一直坚持“以法治班”。在他的指导下，全班学生根据本班实际制定了一系列的班规班法，在监督检查系统的保证下，说了算、定了干，一不做、二不休，坚定不移地贯彻执行。魏书生老师的班规班法，主要分为两大类：一类以空间为序，有常务班长职责、值周班长职责、值日班长职责、科代表职责、承包责任制等；制定的原则是“班级的事，事事有人做；班级的人，人人有事做”。另一类以时间为序，有一日常规、一周常规、每月常规、学期常规、学年常规；制定的原则是“时时有事做，事事有时做”。魏书生老师的监督检查系统很是严密，除自检之外，还有互检、班干部检查、班集体检查、教师抽查，同时还有相应的处理措施，十分规范。在如此制约手段的作用下，学生怎能不养成严谨的学习、生活习惯呢？

（三）做好个别教育工作

教师对学生进行思想教育，既要面向集体又不能忽视个别教育工作。魏书生老师做个别教育工作的点子极多，大有随手拈来之意。学生犯了错误，处理的方法就有写说明书、写心理病历、唱歌、做好事等多种；每周进行选举，选出“闲话能手”“逃避劳动能手”“心胸狭窄能手”“最关心班级的人”“做好事最多的人”“本周进步最大的人”等，既选先进也选后进，发现问题及时解决，效果明显。

而在个别教育方面，魏书生老师最重视学习困难学生的转化工作。吕叔湘老先生说：“魏书生想的是全体学生，要把所有的学生教好才甘心，有一个学生没有教好心里也不安。”为了转化学习困难学生，魏书生老师一直要求全校专任教师和兼课的校长、主任都要和一位学习困难生交朋友，建立“互助组”。他对教师们讲：“咱们不要埋怨学生难教，教师埋怨学生难教，就像医生埋怨患者难治一样。医生埋怨患者得的病太重，就不给治了，那他的医疗水平就不会提高。医生的医疗水平是在治疗疑难杂症的过程中提高的，教师的教育水平也是在转化学习困难学生的过程中提高的。从这个意义上讲，学习困难学生帮助了咱们，帮咱们提高了教育水平。当然，咱们也帮助学习困难学生生提高了自我教育的能力。”多么朴实的言辞，多么深刻的内蕴啊！这不正是教师做好个别教育工作的最好的“互助组指南”吗？

二、事例分析

特级教师魏书生的教书经历令人惊讶：他担任实验中学校长并兼任两个班的班主任，承担两个班的语文教学任务，一年平均外出开会达 4 个月之久，却从不请人代上一节课，他在学期之初即进行期末考试，一学期的课程他用 30 多个课时就讲完了；他不批改作业，但学生的升学成绩却能比重点中学平均高七、八分……面对这一切，人们不禁要问：魏书生老师究竟依靠什么获得了教学的成功？

专题六 懂学生，班级管理要民主化

认真研究了魏书生老师一系列教学经验后，我们发现了这样一个事实：高效率的班级管理，是魏书生老师教学成功的一个不容忽视的重要因素。甚至可以这样说，魏书生的教学离不开管理，没有成功的班级管理，就没有他今天的教学奇迹。那么魏书生是怎样进行管理并以此服务于教学的呢？我们又能从中得到什么有益的启示呢？

1. 竞赛机制

竞赛机制是魏书生老师进行班级管理工作的明显特点之一。有一次，学习委员收书费，他要一个一个收，魏书生老师对他说："我没有让你这样收，你可以用手表啊。"学习委员很聪明，马上拿着手表说："同学们注意了，各小组组长请站在你们小组的左侧，下面我们要开展收书费比赛……各就各位，预备，开始。"书费很快就收齐了。可以想见，在魏书生老师的班级管理工作中，小组分得很细，讲求竞赛。这样，既活跃了气氛又提高了效率。

2. 代谢机制

魏书生老师直接参与指导学生的班级管理活动，但他班级管理的主体是学生。他设立了值周班长（自主报名，轮值两周）、值日班长（按学号轮值），这些学生与常务班长、团支书、班委会成员一样，各有不同的职责，共同负责班级各种事务的处理。同时，他要求学生照章办事，做到责任明确；"人人有事做，事事有人做"，凡事皆有章可循。他所推行的临时常务班长制，就是所谓代谢机制，即班长像人体内的血液一样，不断地循环，常换常新，具有强大的生命力。

3. 协调机制

魏书生老师首先注意到了教学管理与班级管理之间的协调极为重要，通过完善两条渠道，提高了管理实效。在管理方式方法上，除了直接参与管理外，他始终把管理重点放在启发学生进行自我管理、引导学生相互管理上。另外，他让学生办《班级日报》，沟通了同学之间的联系，促进了班集体的班风建设，并采取多种措施增强学生的向心力和班级凝聚力，这为学生的发展提供了良好的外部环境。他注意整体规划，分层管理，内外协调，使班级各项工作有序运转。由此可见，魏书生老师的"协调小组"在班委"执法"过程中起着重要的催化剂作用，极大提高了班委的活力。

4. 督导机制

魏书生老师大大强化了规划、决策过程中的学生民主参与。魏书生老师的管理目标系统地反映在师生共同制定的“班规班法”中，其所涉及的范围很广，有思想教育、有学习检查、有纪律监督、有多种体育锻炼、卫生保健，做到事事有人管、人人有事管；内容涵盖学生德、智、体、美、劳及学生在校生活的各个方面。在魏书生老师的班级中，人人都是管理者，人人又都是被管理者；管理因时而动，权力彼此制约，而教师则处于驾驭、服务的位置上。一个“督导组”对班委起着规范、监督、制约的作用，如此管理，教师怎能不感到轻松？

5. 引导机制

魏书生老师非常注意提高学生对管理活动的认识。他强调学生能干的事班委不干，班委能干的事班长不干，班长能干的事自己不干……首先魏书生老师巧妙地向学生传达了这样一个信息：管理对整个教学活动来说是必要的，但管理不是教师约束学生，而是学生在学习活动中进行自我约束。这在客观效果上，减少了学生对管理的抵触甚至对抗的情绪，极大提高了教育管理的实效。其次，魏书生老师创造了多种自我教育形式，如写“说明文”、写“心理病历”等，大力倡导学生自我约束和自我管理，帮助他们在心里筑起第一道防线，尽量把问题消灭在萌芽状态。最后，他大大强化了规划、决策过程中的民主参与，通过引导学生制定班规班法，即使学生的意志与愿望通过合理渠道得到体现与满足，又密切了师生关系。学生由于要为自己所要达到的目标负责，因此自觉约束自己的行为，真可谓“一举数得”。

6. 监控机制

魏书生老师提出“尊重学生，理解学生，关心学生”的口号，而且他还擅长赏识教育，这样很容易拉近与学生的距离。他找学生谈话，不管是普通学生，还是班干部，总能让学生说真话。这为他对班级实施“遥控”管理奠定了坚实的基础，从而实现班级管理的高度自治。

三、专业指导

学生的自主管理指的是通过自我教育，增强学生自我监控、自我指导、自我约束的能力，将班集体的教育要求内化成学生的自觉行为和习惯。苏霍姆林斯基说："实现自我教育，才是一种真正的教育。"那么，如何加强学生的自主管理，让班级充满成长的气息？可以从以下几方面入手。

1. 善于利用生本小组模式

没有竞争就没有发展，没有发展就没有创新。生本教育下的学习小组，对培养学生的自主管理能力，是一种行之有效的途径。学习小组之间的学习、纪律、清洁等各方面的评比，小组长对组员的管理，组员之间的相互监督，这一系列活动与举措，培养了学生的团结合作精神，提高了他们的自主管理能力。

2. 发挥班级舆论的导向作用

班级舆论其实就是班风。班风正，班级舆论就正确。在培养学生拥有良好习惯及良好品质的过程中，可以及时通过师生专题讨论、主题班会等形式，培养学生拥有正确的世界观、人生观、价值观，引领学生初步具有判断是非、辨别美丑的能力和素养。对不良倾向要及早制止与批评、教育，在学生头脑中形成一种"好事争取做，纪律不可违"的意识。

3. 实行好"值周班委会"制度

多数情况下，学生的不良倾向是在教师不在的时候表现出来的，这时，班干部便是管理者，是其他学生的榜样。可见，组建责任心强的常务班委会尤为重要。为了提高班干部的素质，可采取学生民主选举班委会，对班干部的工作进行定期民主考评的形式，通过动态管理，为每个学生提供锻炼的机会。"值周班委会"制度是指由班中一个小组担任临时班委会，经组员推选产生临时班长，负责班级一周的日常事务管理 。这就为每一个学生都提供了参与班级自我管理的机会和条件，每个学生都可从中得到锻炼，从而增强学生的自我约束力和主人翁意识。

4. 实行班级量化评分制度

量化评分制度是指根据学生在遵守纪律、集体观念、工作能力、学习能力、劳动态度等方面的表现进行量化评分，做得好的加分，做得不好的减分。让学生在制度的约束下养成好习惯，从而培养学生的自我管理能力。期末时，还可以民主评选各类积极分子，让那些成绩不理想，但在其他方面表现优秀的学生有被人认可的机会。

5. 发挥教师率先垂范作用

言传不如身教。“学高为师，身正为范”，榜样的力量是无穷的。教师的言行、思想意识、道德品质等无疑都是学生效仿的典范。“教育无小事，事事都育人”，教师时时事事率先垂范，无疑会激发学生自我控制、自我约束的自觉性，提升其自主管理的意识；“润物无声”，能真正使学生的自我教育和自我管理能力得到培养和发展。只有人人都有了自觉性，才能真正实现自主教育和自我管理，使学生逐渐形成自理能力。

主题 3

长善救失，给学生成长的时间和空间

“学者有四失，教者必知之。人之学也，或失则多，或失则寡，或失则易，或失则止。此四者，心之莫同也。知其心，然后能救其失也。教也者，长善而救其失者也。”这是《学记》中所提出的发扬积极因素、克服消极因素的教育原则——长善救失，即“救其失，则长善矣”。意思是说教书的人要善于发现学生的错误并加以纠正和指导，重视因材施教，善于因势利导，将缺点转化为优点，给学生成长的时间和空间。

一、典型事例

案例 1

电影《地球上的星星》讲述了一个原本天真活泼、擅长绘画的小男孩儿，因分不清相似的字母而学习成绩不理想，身边的人除了母亲心疼他，其他的人误以为他有智力障碍且品行不好。父亲决定让他转学，转学以后的他把自己的心封闭了。此时他幸运地遇到了一位洞察力强、富有爱心的教师，后者对他不责备、不抱怨、不放弃，以一位“教者”的姿态正确对待学生的差异，不远千里到小男孩家中了解他的一切，走进小男孩儿的心灵世界，探究小男孩儿出现问题的原因，对其因材施教，巧妙引导，长其善，救其失，重启了小男孩儿关闭已久的心门，托起了一个精彩的生命。

案例 2

苏联著名教育家马卡连柯的学生卡尔马诺夫，在《生活的道路》一书中记述了一件他自己终生难忘的事。马卡连柯在高尔基儿童教养院工作时，有一天，有个学生从库房里偷走了一只烧鸡。马卡连柯得知后，立刻把那个学生叫来，责问他为什么要偷烧鸡。那个学生说他想吃烧鸡。马卡连柯稍加思考，就叫他当着全体同学的面把这只烧鸡吃下去。那个学生满面通红，低头不语，流下了悔恨的泪水。接着，他请求老师和同学们宽恕他，并表示以后绝不会再干这种既丢人现眼又损害集体利益的事。老师和同学们原谅了他，他也确实彻底改正了错误。

卡尔马诺夫目睹了这件事的全过程。后来他到一所教养院工作，遇到了极其相似的一幕：有一位学生偷了一个面包。他知道这件事后，也像当年他的老师那样，把偷面包的那个学生叫来，责令他当着所有同学的面把面包吃下去。卡尔马诺夫万万没有想到的是，那个学生十分坦然地一点一点撕下面包塞到嘴里吃起来。

老师的教育方法失灵了？为什么类似的问题用类似的方法去处理，结果却是如此的不同呢？经过认真分析，卡尔马诺夫终于找到了原因：马卡连柯工作的教养院正气占上风，已形成了正确的舆论氛围，大家的是非观念和集体荣誉感都很强；而且马卡连柯又十分准确地掌握了那个学生的思想与性格，因而采取那样的教育方式，取得了良好的教育效果；而自己在教育环境、对象完全不同的情况下，机械地照搬老师的教育方法，失败也就毫不奇怪了。

二、事例分析

每个人的人生经历有别，思想水平不一，认识能力各异，性格特征千差万别，要想取得好的教育效果，离不开对每一个教育对象的深入了解和透彻认识。

我国古代教育家曾经指出，教育者的责任就在于“长善救失”。所谓“长善”就是要善于发现被教育者身上的优点和长处，并精心加以培植与呵护，使其不断发扬光大；所谓“救失”，就是正确认识与把握被教育者身上的缺点与不足，并通过耐心的教育，帮助他们加以克服和改正。我们怎样才能做到这一点呢?《学记》中写道：“知其心，然后能救其失也。”即只有知其为人和所思所想，才能对症下药、因材施教，做到“长善救失”，给学生提供成长的时间和空间。

明朝思想家吕新吾说：“责善要看其人何如，又当尽长善救失之道。无指摘其所忌，无尽数其所失，无对人，无峭直，无长言，无累言。犯此六戒，虽忠告，非善道矣。”意思是，劝人为善也要看那个人的情况如何。如果那个人可以相劝，则以善言相劝，并且相劝时要注意采取适当的方法：不要揭人短处，不要尽数过失，不要发生口角，不要过于直率，不要讲得太深，不要啰唆唠叨。如果违反上述六条，即使是肺腑之言，也不是劝人为善的好方法。

在教育管理工作中，教育者要善于依靠、发扬学生自身的积极因素，调动学生自我教育的积极性，同时克服消极因素，以达到长善救失的目的。这要求教育者要用一分为二的观点，全面分析、客观评价学生的优点和不足；要有意识地创造条件，将学生思想中的消极因素转化为积极因素；要提高学生的自我认识、自我评价能力，启发他们自觉思考，克服缺点，发扬优点。

三、专业指导

所谓“长善”，就是要贯彻积极引导、正面教育为主的原则，使学生身上的积极因素不断地发展；所谓“救失”，就是使学生克服自身的缺点，使其向着正确的方向发展。在教育过程中，教育者必须首先了解学生的心理特点，然后才能补救其过失，进而使其自觉改正。教育的目的，从根本上说就是挖掘、发展学生的优点而补救其过失。那么，如何做到长善救失，给学生提供成长的时间和空间呢?

1. 掌握学情，因势利导

很多学生在学习上存在 4 个方面的问题。学生在吸收知识的过程中，一是贪多务得，不求甚解；二是知识面狭窄，智力没有得到充分发展；三是对学习的艰巨性估计不足，浅尝辄止；四是有畏难情绪，缺乏刻苦钻研的精神。这 4 种缺点反映出学生对待学习不同的心理状态。教师只有了解了这些心理状态，才能矫正这些缺点。良好的教育方法既有助于发扬学生的优点，又有助于矫正学生的缺点，也就是长善救失。这是古人给我们留下的教育学生的良方妙药。

2. 思想引领，学业导师

古往今来，诸多名人、名家和学者，他们之所以能够成才，很多与他们的老师有关。教师不仅要有渊博的知识，懂得教学规律，而且必须具备高尚的道德品质和思想境界。教师对学生进行正面的理论“灌输”，进行谆谆的说服告诫，这固然重要，但是身教胜于言教，难的是教师的一言一行能时刻起到楷模作用。这就要求教师每时每刻都要注意自己的言谈举止，于细微处下功夫。

3. 爱护学生，信任学生

要使学生在品德和思想上“长善”，关键是对学生真诚地加以爱护和信任。苏霍姆林斯基指出：“一个好老师意味着什么？首先意味着他是这样的人：他热爱孩子，感到跟孩子交往是一种乐趣，相信每个孩子都能够成为一个好人，善于跟他们交朋友，关心孩子的快乐和悲伤，了解孩子的心灵，时刻都不忘记自己也曾是个孩子。”教育家夏丏尊先生曾打过一个形象的比喻，他说：“学校是个池，学生是鱼，而师爱则是水。若无师爱，那么，无水之池、无水之鱼的结果是不言而喻的。”

马克思说，年轻人犯点错误，连上帝都会原谅的。这发自肺腑的话是出于对青年真诚的爱，这爱不是爱他们的错误，而是寄希望于他们改正能错误，而改正错误就是进步。因此，爱护学生是教师必备的良好心理素质和职业道德素养。

主题 4

换位思考，换个角度看待“问题”学生

何为“换位思考”？换位思考就是教师以学生的思维和身份来思考问题，制定规则，以满足未成年人在成长中的需要和获取知识的渴求。陶行知先生曾经说过："你的教鞭下有瓦特，你的冷眼里有牛顿，你的讥笑中有爱迪生。""我们必须学会变成小孩子，才配做小孩子的先生。"这就要求教师用心育人，换位思考，换个角度看待所谓"问题学生"。

一、典型案例

黄静华，上海市尚文初级中学特级教师，全国先进工作者，全国师德标兵，全国"三育人"先进个人，上海市劳动模范。作为全国优秀教师代表，曾多次受到党和国家领导同志的亲切接见。

"如果我是孩子""假如是我的孩子"是黄静华老师从教35年始终坚持的教育格言。她以"读懂学生，科学地爱学生"的育人之道，使教育发挥了极大的效果。她用"以情感感染情感，用体验激发共鸣"，诠释了教育所蕴含的爱的力量。

一次，黄静华去北京开会，在电话中得知班上三个男生在逛超市时看到几支喜欢的圆珠笔，一时控制不住，悄悄放进了自己的口袋。尽管知道这三名学生已经知错、认错，但黄静华还是急得寝食不安。回到上海，一下飞机，她顾不得回家吃晚饭，匆匆赶去超市买了三支新型、精致的圆珠笔，分别送到了三个男生的家中。他们见了黄静华老师，都感到非常不安，低着头准备挨批评。但黄静华并没有这样做，她对此进行了换位思考："我知道，如果此时我狠狠地批评他们，反而容易使他们产生自暴自弃的心理，因为犯了错误的孩子更渴望得到大人的宽容和信任，这时要特别注意保护他们的自尊。"

没有斥责，没有严厉的批评，三个男生拿着老师给的笔，流下了悔恨的泪水。老师的真诚唤醒了他们的良知。不久，其中两个男生在路上捡到了一个装有现金和重要物品的塑料袋。几经周折，才找到了已搬迁的失主——一位年逾古稀的老人。老人激动不已，特地来到学校，一定要给他们每人50元酬金以示感谢，可他们婉言谢绝了："这是我们应该做的。"

可见，当学生犯错误本该受到责罚时，如果我们以"假如我是学生"的情感去体会他们的内心世界，去理解、包容他们的"过失"，科学地对待成长中出现的问题，让他们深刻地体会到老师的用意，就能为学生改正错误提供内在驱动力。对孩子来说，有时候宽容比惩罚更有力量。

二、案例分析

教师要学会用“移情”的方式，换位思考，学会寻找“黄金分割”点，客观认识问题，有效解决问题。教师是身份和角色的矛盾统一。如果教师首先关注的是身份，其次是角色，那样会把自己的位置抬高，无法走进学生的心灵，甚至会影响对这份职业的感情；反之，才有可能用心去对待这份职业。当教师和学生发生矛盾和冲突时，如果教师首先扮演的是自己的角色，就会舍下一时的面子，换位思考，很多问题就会得到妥善解决。相反，如果教师首先代表一个身份的话，很可能由于面子，而使得师生关系僵化，问题变得复杂。

教师要懂得用“学生的心灵”去感受，用“学生的大脑”去思考，用“学生的眼光”去发现，用“学生的情感”去体验，用“学生的兴趣”去爱好。因为“孩子的心是最稚嫩的，他们的心受到伤害便会结疤”。

教师只有换位思考，才能对事情的前因后果、来龙去脉及性质趋向有更全面、更客观的把握，从而保证自己做出客观、科学的判断和选择。懂得换位思考的人是心胸宽广、聪明睿智的，懂得换位思考的教师在许多事情的处理上比别人更为妥当。

教师要多和学生们接触，了解他们在想什么。只有这样，才能在实际的教育教学工作中，从学生的利益出发，做到有的放矢，对症下药。案例中，黄静华老师就是从了解学生入手，知其所想，走进学生的心里，让学生“亲其师，学其理，信其道”，才能有效地开展工作。

“已所不欲，勿施于人”，孔子的这句话就是告诫我们，遇事要换位思考一下，在某种程度上，这也是教育的精髓！

三、专业指导

做一个懂学生的老师，需要人性化的教育，要求教师将心比心，和学生做一个换位思考。想想遇到同样的事情时我们想得到什么，不希望得到什么，然后就把想要的给予学生，避免将学生害怕的施加给学生。那么，作为一名教师，应该怎样进行“换位思考”呢?

1. 欣赏学生所长

学生都希望被欣赏、被肯定。教师要学会发现学生的闪光点，赞扬他们的优点，这样才能激发学生的潜能和创造力。要学会以赞赏的眼光对待学生，这是一种更具艺术性和情感性的教育思想，其目的就是使教育行为真正达到教育的意义和功能。

2. 解除学生所疑

教师要授业解惑，还要信任学生，解放学生，把教师的引领转化为学生的探索性研究，充分发挥学生的主体作用。面对犯错学生，教师首先要懂得换位思考，才能精准拿捏问题关键，有效发挥教育的效果。

3. 宽恕学生之过

教师要谅解学生的过错。对学生的错误，要客观分析，正确面对，给学生改正错误的机会，保持平静的心态和理智的头脑，分析、研究学生的错误，转变教育观念，找到最恰当的处理方法。

总之，做一个真正懂学生的老师，要学会换位思考，换个角度看待学生成长中的问题，换个角度对待学生的错误，自觉成长为学习型、思考型、智慧型教师，努力打破传统教育理念的束缚，通过明确意义、转换思维、更新方法，富有创造性地开展教育工作。

主题 5

直抵心灵，走下“教师至上”的神坛

古代有位禅师，一日晚上看见墙角边有一张椅子：不知是哪位出家人违犯寺规越出墙去溜达了。老禅师也不声张，走到墙边，移开椅子，就地蹲下。少顷，果真有一个和尚翻墙而入，黑暗中踩着老禅师的脊背跳进了院子。当他发觉刚才踏的不是椅子，而是自己的师父时，惊慌失措，张口结舌。但老禅师并没有严厉地责备他，而只是以平静的语调说："夜深天凉，快去多加件衣服。"

作为教师，我们应该直抵学生心灵，走下"教师至上"的神坛，对学生包容些，再包容些。

一、典型事例

佛桌上盛开的花朵

20年前他曾是庙里的小沙弥，极得方丈宠爱。方丈将毕生所学全数教授给他，希望他成为出色的佛门弟子。可他却在一夜之间动了凡心，偷偷下山，五光十色的城市吸引了他。从此他流连于市井凡尘。20年后的一个深夜，他突然惊醒，窗外如水般的夜色，澄明清澈地洒在他的掌心。他忽然深深忏悔，披衣而起，快马加鞭赶往寺里。

"师父，你肯饶恕我，再收我为徒吗?"

方丈痛恨他的放荡，只是摇头："不，你罪过深重，必堕阿鼻地狱，要想佛祖饶恕，除非……"方丈信手一指——"连桌子也会开花。"

他失望地离开了。第二天早上，方丈踏进佛堂的时候被惊呆了：一夜之间，佛堂里开满了大簇大簇的花朵，红的、白的，每一朵都芳香宜人。佛堂里一丝风也没有，那些盛开的花朵却簇簇急摇，仿佛在焦灼地召唤。方丈瞬间大彻大悟连忙下山找寻。但是却为时已晚，他又堕入了原来的生活。

在佛桌上开放的那些花朵，只开放了短短一天。是夜，方丈圆寂，临终留下遗言：这世上，没有什么歧途不可以回头，没有什么错误不可以改正。一个真心向善的念头，是最罕有的奇迹，好像佛桌上开出的花朵；而让奇迹陨灭的不是别的，正是那一颗冰冷的不肯原谅、不肯相信的心。

画像

一个学生上课时给老师画了一幅画像，题字为"××老师画像"。这位教师发现后，并没有简单粗暴地批评斥责这位学生，而是对他说："××同学绘画水平不错，把我画得还挺像的。"下课时又说："老师发现教室后面的黑板报内容陈旧，请班长和这位会画画的同学一起，把我们的黑板报内容更新一下。"

第二天，教师发现黑板报画得非常好，及时对该生进行了表扬。那个学生红着脸递给教师一张纸条，打开一看，是一份非常诚恳的检讨书。

二、事例分析

"要给人以阳光，你心中必须拥有太阳。"教师是教育者、领路人，只要教师心中拥有太阳，洞悉学生的心理，对学生动之以情、晓之以理、持之以恒、和风细雨，定然润物无声。

"人无完人，孰能无过?"渴望理解与信任是人的一种正常的需求，理解和信任是推动人上进的力量。正所谓"浪子回头金不换"。如果别人犯了错误，请你给他一个改过的机会，用你的期望和信任表示对他人格的尊重，这样就会有一股无形的力量促使他不断努力，取得进步，这就是著名的罗森塔尔效应。所以，请各位老师牢牢记住：宽容是一种信任、一种谅解、一种期望，它是佛桌上盛开的花朵。

第二个案例说明，善意的"惩罚"保护了学生的自尊，是更容易让学生接受的一种批评方式。宽容不仅需要"海量"，更是一种修养促进的智慧。教师如果无法容忍学生的缺点，就会对学生产生反感、厌恶情绪，在这种情绪下，教师与学生不可能很好地沟通和交流，教育自然不会有好的效果。教师应该明白：宽容是一种豁达，是一种智慧，是一种艺术，是"两幅图画"式的善意惩罚。

平等、包容、鼓励，是一种人生态度，也是一种巧妙的教学艺术。包容是阳光，能使学生得到感情的温暖；包容是甘露，能源源不断滋润学生的心田；包容是钥匙，能开启学生的心灵之门，消除师生之间的误会；包容是理解，能给学生以安慰和力量。

三、专业指导

苏霍姆林斯基说：“教育者的爱护和关注在学生的心灵会留下不可磨灭的印象。”学生有了这种感情，就会把教师当成朋友，会自觉遵守班级纪律。教师对学生冷漠甚至冷酷，必然造成师生间的情感对立，而这种对立情绪是班级管理最严重的障碍。教师应该直抵学生心灵，走下“教师至上”的神坛，以开放、包容的心态对待学生。

1. 要对学生充满爱心

“谁爱学生，学生就会爱他，只有用爱才能教育学生。”要善于接近学生，体贴和关心学生，和他们进行亲密的思想交流，让他们真正感受到教师对他们的亲近和关爱。这是教师顺利开展一切工作的基础。教师要善于观察学生们的一举一动，及时了解他们生活中的困惑，及时为他们排忧解难；尽一个教师应尽的职责，不让一个学生掉队。“感人心者，莫先乎情。”教师应努力做到于细微处见真情，真诚地付出，收获的必定是学生更多的爱！

2. 要有一颗存异之心

教师对自己的学生，不管喜欢还是不喜欢，都要一视同仁；绝对不能因为学生符合你的要求或喜好，你就对其另眼相看；不符合你的“口味”，你就疏远。对同一个学生，既要看到他身上的优点，更要能容忍他身上的不足之处。教师要有一颗包容之心，既看到学生的优点，也看到其缺点。不能因为学生有某方面的缺点而否认他的优点，也不能因为学生某方面的长处而忽视其不足。对于犯错的学生，教师应充分包容他。

3. 要有一颗同理之心

教师要站在学生的角度看问题，而不能以成年人的心态去看待学生；应该从学生在其所处年龄所持有的思想、思维等方面去想问题。由于各方面还不成熟，青少年在思想上与成年人有很大的差距，教师要要用一颗同理心理解学生，而不能因为学生有一点儿错误就一概否定。

主题 6

以人为本，构建和谐民主的班级文化

民主文明和谐的班集体是一种团结友爱、民主公平、安定有序、充满活力、和谐共处的班级。以人为本，培养和创建民主和谐的班集体，构建和谐民主班级文化，是时代的召唤，是学生发展的需要，是构建文明班级共同体的必要条件。

一、典型事例

在整个选举过程中，我坐在旁听席上，没有发表任何意见。

学生们开始投票、唱票，激动人心的时刻到了：班委会产生了。但这毕竟是少数学生的机会，而担任班干部是许多学生的梦想。为了让学生们梦想成真，为了让每个学生都过过“官瘾”，我决定实行班级事务“包干负责制”，我将这次学生自主管理班级活动命名为“小鬼当家。”

为使班级工作顺利进行，使自主管理落到实处且富有实效，我根据班级日常活动增设岗位，如对课间纪律、课堂纪律、红领巾佩戴情况的检查，学生仪容仪表的检查；好人好事的记录，教室、地面、讲台、卫生角的保洁，黑板报的设计、室外清扫区的负责制，并按座位把学生分成 4 个学习小组，每个小组内安排多位组长（如卫生组长、学科作业组长、纪律组长、帮差组长）。每项具体工作都安排专人管理，做到“事事有人管，人人有事管，人人有人管，人人能管人”。

为了让学生们更好地完成任务，我又对班干部进行了“培训”。我把管理方法教给学生，做到“授之以渔”，指导学生塑造新的自我，尽快适应新的环境。我教给他们一些管理的办法，班干部有了具体可行的管理方法，操作起来易把握，也易出效果。

为了让这些“小鬼”顺利“当家”，班级管理必须有一定的制度，才能有章可循。班规由学生自己制定。结合学校的优秀班级评定标准，我决定根据我班的实际情况，以民主讨论的方式，让学生畅所欲言，经过讨论、修改并一致通过后达成共识，共同制定出切实可行的班规，最后细化管理制度，实施班级量化管理。量化管理的内容涉及文明礼仪、学习、纪律、卫生、两操、活动、安全等各个方面，并注明相应的评价标准。学生随时学习、及时参照执行，丰富了班级文化建设的内容，增强了环境育人的效果。

同时我还组织学生开展"每日一星"小组竞赛，并根据"班级自我管理量化考评办法"对各组进行评价，评选出当天的"明星小组"。我组织学生开展了"我是班级小主人""我为班级添光彩"等活动，学生从中懂得了自己是班级的主人，增强了的集体荣誉感。

实行"小鬼当家"这举措后，大到班级活动，小到安排值日，我都不再"染指"。当班干部及各小组组长初步掌握了相关管理方法后，我由"教练"转变为班干部的"参谋"，支持、帮助、辅助他们开展各项工作。我不再直接参与班级管理，而是发挥我的主导作用，对班委作出的决定及时给予肯定，帮他们制订、实施计划及管理措施；引导班委在实践中逐渐积累工作经验，培养能力，提高素质，为全面自主管理打下基础，创造条件。

实现学生民主自治，只是我的一个小小尝试，其间有苦也有乐，我跟学生一起在探索中成长。

我相信：人+人=众；心+心=诚；梦+梦=灵；众志成城，心诚则灵。

二、事例分析

你给学生一个舞台，学生会给你无尽的精彩。

上述案例中，教师实行班级学生自主管理，使处在不同学习方向和层次上的学生有了充分展示自己、表现自己的机会，激发了学生的主动参与意识，营造了人人平等的氛围，同学关系、师生关系更加融洽，班级凝聚力明显增强，整个班级呈现出团结互助、文明守纪、和谐民主、积极向上的良好局面。

作为教师，要抓好班级管理工作，充分发扬民主，让全体学生积极参与班级管理，调动学生的积极性和创造性，培养他们的独立自主精神和自主管理能力，逐步完成由教师管理向学生管理的过渡。"教是为了不教"，应教会学生自己管理自己，在轻松的氛围中探寻"管是为了不管"的教育真谛。

以人为本，构建和谐民主班级文化，有利于增强学生的集体意识，使其形成正确的集体荣辱观。教师的任务是引导学生正确履行自己的自主管理义务，使学生意识到自己是班级集体中的一员，班级管理是自己的事情，是自己应尽的义务。

以人为本，构建和谐民主班级文化，有利于培养学生的团队协作精神，形成优秀的班集体。逐步在学生心中树立人人平等、互相尊重的理念，为学生间的相互协作打下基础，为培养优秀的学生团队创造条件。

以人为本，构建和谐民主班级文化，有利于增强班集体的凝聚力，促使学生形成乐于奉献的高尚品质。从小培养学生的民主意识，符合学生的心理发育特点，更符合社会发展的需求。

总之，班级是初始化的社会群体，在班级中营造民主氛围，构建和谐民主的班级文化，有利于学生形成集体观念和集体责任感、集体荣誉感，形成正确的集体舆论和良好的班级秩序与学风。教师通过逐步培养学生自我教育、自我管理的能力，使学生真正成为德、智、体、美、劳全面发展的合格的21世纪人才。

三、专业指导

班级文化通常是班级内部形成的独特的价值观以及共同的思想、作风和准则的总和。它是班级的灵魂，是学生成长的重要园地。那么，应当如何做到以人为本，构建和谐民主的班级文化呢？

1. 环境建设，让班级焕发生命活力

“蓬生麻中，不扶而直；白沙在涅，与之俱黑。”环境对人的发展的影响是巨大的。教师要优化人才培养的外部环境，创造最佳的教育空间，让学生感受到自己所在的班级是一个学习、生活的幸福乐园。应精心布置教室，使之焕发生命活力。把对学生的思想教育寓于感知情景中，“润物无声”地滋润学生心田，熏陶学生心灵，让学生从踏入教室的第一天起就产生一种愉悦感，要使之成为他们顽强拼搏、健康成长的强大精神动力。

2. 人文建设，促进学生个性发展

教育最根本的意义在于促进学生的个性发展，并且最大限度地促进学生的个

性发展。教师要树立以人为本的教育理念，为学生营造宽松和谐的教育氛围，建立民主平等的师生关系，拓宽学生的视野，承认学生之间的差异，让学生真正成为班级的主人，张扬个性，表现自我，实现自我激励、自我超越。

3. 良好班风，无形的教育力量

班级具有良好的班风是师生经过不懈努力达到的最理想状态，是一种激励学生产生维护集体利益的个性行为的内在驱动力。学生在有意或无意中自觉约束自己的行为，形成健康向上的动力，形成班级学习、生活、文明、道德等观念汇聚而成的群体意识。这种意识一旦形成，就会对学生产生潜移默化的无形的教育影响。

参考文献

[1] 吴志明. 促进深度学习的问题驱动教学研究——以“光的直线传播”为例[J]. 中学物理教学参考，2017（12）：6-10.

[2] 中华人民共和国教育部. 普通高中物理课程标准（实验）[S]. 北京：人民教育出版社，2010.

[3] 孟拥军. 深度教学理念下的高中物理概念教学策略研究[J] 中学物理教学参考，2017（10）：5-8.

[4] 李爽. 问题驱动，促进小学生数学课堂深度学习[J]. 数学大世界（下旬版），2019（10）：72.

[5] 梅楠. 基于问题驱动的数学概念深度学习——以“分数乘法”教学为例[J]. 数学大世界（上旬），2019（6）：96，98.

[6] 徐小军. 高中数学课堂高认知水平任务教学案例研究[J]. 中学生数理化（教与学），2016（5）：50.

[7] 刘文蛟. 高中生数学认知理解的过程研究[J]. 数学教学通讯，2016（12）：2-3，6.

[8] 刘新爱. 例谈怎样关注学生的认知基础[J]. 小学教学，2008（4）：38-39.

[9] 毛庆华. 做一个会“偷懒”的老师[J]. 中小学教育，2016，234（2）：5-6.

[10] 闫科. 认知发展阶段理论在初中历史教学中的应用——以《甲午中日战争与瓜分中国狂潮》一课为例[J]. 西部学刊，2020，109（4）：70-72.

[11] 余琴. 学情分析：有效语文教学的原点[J]. 教学月刊小学版（语文），2021（Z2）：35-40.

后　记

在编写本书的过程中，编者借鉴和参考了国内外一些知名专家的著作和研究成果，引用了一些教师的案例和文章，在此向所有专家、教师致以衷心的感谢！受沟通渠道所限，我们未能与所有作者都取得联系。敬请相关作者与我们联系，电子邮箱：taolishuxi@126.com。

编　者